자유주의로 민주주의 길들이기: 자유민주주의 안과 밖의 정치학

Taming Democracy with Liberalism: The Politics In and Out of Liberal Democracy

지은이 김동환, 박지혜, 송인재, 이태운, 정준혁
감수 및 서언 장동진

지은이
연세 영미 정치이론 학회 김동환(연세대학교 정치외교학과 학사과정 졸업)
박지혜(로체스터대학교 정치학과 박사과정 재학)
송인재(연세대학교 정치학과 석사과정 재학)
이태운(연세대학교 사회학과 재학)
정준혁(위스콘신 매디슨 대학교 정치학과 박사과정 재학)

감수 및 서언
장동진 연세대 정치외교학과 명예교수
University of Texas, Austin(Ph. D.)
전공: 정치철학(정의론, 자유주의, 민주주의)

자유주의로 민주주의 길들이기: 자유민주주의 안과 밖의 정치학

초판 인쇄 2020년 7월 24일
초판 발행 2020년 7월 31일
지은이 김동환, 박지혜, 송인재, 이태운, 정준혁
감수 및 서언 장동진
펴낸이 최국주
펴낸곳 동명사
출판등록 1950년 11월 1일(제1-76호)
주소 (우 10881) 경기도 파주시 회동길 50(문발동)
전화 031-955-7200(대표)~2, 7203(편집부), 7204(물류)
팩스 031-955-7205
전자우편 webmaster@dmsbook.com
홈페이지 www.dmsbook.com

東明社

ISBN 978-89-411-8211-5 93340
값 18,000원

서언

이 저서는 정치사상 또는 정치철학에 관심을 가지고 있는 연세대학교 학부 학생들이 스스로 〈연세 영미 정치이론 학회〉 연구 모임을 만들어 정치이론에 관한 주요 저술들을 독서하고 토론한 것을 기반으로 하여 자유주의에 관한 자신들의 고유한 이해는 물론 한국사회에 주는 실천적 의미를 정리하고자 한 목적으로 시작되어 나온 결과물이다. 이러한 의도가 구체적으로 시작된 지도 벌써 2~3년의 세월이 훌쩍 지났다. 2018년 초에 이미 원고가 어느 정도 정리되어 출판을 하려 하였으나 보다 신중성을 기하려다 보니 원고가 상당부분 재정리 되는 과정을 자연스럽게 거치게 되었다. 이러한 과정으로 인하여 순수한 학문적 열정으로 시작하였던 학부 학생들이 이제는 국내외의 대학원의 석사 및 박사과정에서 관심분야 및 주제를 연구하고 있거나, 또는 전문대학원에서 보다 현실적인 전문지식을 탐구할 목적으로 준비를 하고 있기도 하다. 이러한 과정을 거치면서 나타난 학생들 스스로의 작업에 대해 서언을 첨부하여 이들의 신선한 이해와 창의적 사고를 기성의 관점으로 때묻게 하는 것은 아닌가 하는 조심스러운 생각이 든다.

자유주의의 정치철학의 핵심은 자기가 살고 있거나 또는 살아가고 싶은 정치사회의 근본 원칙들을 관계 당사자들이 공동으로 만들어 가려고 하는 발상에 있다. 그것은 구체적으로 제도를 통하여 실현 가능한 개인의 기본적 자유를 평등하게 보장하는 정치체제의 원칙을 고안하는 작업으로 나타난다. 이것은 특정 정치체제에 살게 되는 개인들이 근본적 정치원칙을 집단적으로 고안하고 합의하게 되는 공동 저자가 되는 것을 의미한다. 이러한 발상들은 특히 계약론의 정치사상에 잘 반영되어 나타난다.

자유주의는 인간이 스스로 집단적으로 살아가는 인간의 정치환경을 스스로 개척하고 만들어가는 적극적 의미를 반영한다. 이것이 아마도 "가능성 탐색의 예술(the art of the possible)"로 표현되는 정치행위의 본질이라 할 수 있다. 이러한 이론적 탐색은 보다 구체적으로 "현실에서 실현 가능한 유토피아(a realistic utopia)"를 추구하게 된다. 즉 인간의 능력과 힘으로 집단적으로 살 수 밖에 없는 공동의 삶의 조건을 개척하는 것이야말로 정치행위의 가장 중요한 활동이다. 이러한 정치행위의 능동성은 인간의 자유 및 자율적 판단능력에서 비롯된다. 인간은 자연환경의 제약을 벗어나고자 할 뿐만 아니라, 타자로부터의 강제와 제약을 벗어나고자 하고, 또한 나아가서 보다 적극적으로 자신이 원하는 것을 성취하고자 하는 욕망이 있다. 이러한 자유의 욕망과 함께 이 세상을 자기 나름대로 이해하고 파악하는 능력과 새로운 것을 만들어 낼 수 있는 자유로운 창안 능력이 있다. 자유주의는 이러한 인간의 자유의 욕망과 능력에서 출발하여 보다 나은 인간의 공동 삶의 조건을 능동적으로 고안해 내려고 한다. 오늘날 이러한 인간의 공동의 삶의 조건은 국가의 형태로 나타나거나, 아직은 미흡하지만 UN과 같은 국제기구의 모습으로 나타난다. 자유주의는 인간이 보다 자유롭게 살 수 있는 보다 나은 정치사회의 원칙과 모습을 탐구하고자 한다.

따라서 자유주의는 보다 나은 정치적 삶의 조건을 고안해 냄에 있어 자연스럽게 개인의 자율성을 전제한다. 이 자율성은 하나는 자신의 인생 설계에 대한 자유와 다른 하나는 이러한 정치체제를 고안하고 설계함에 있어 타자와 동참할 수 있는 자유를 포함한다. 이것은 꽁스땅(Benjamin Constant)이 구분한 현대인의 자유(the liberty of the moderns)와 고대인의 자유(the liberty of the ancients)로 대변될 수 있다. 이것은 또한 롤즈의 정치적 자유주의에서 가치관의 형성능력(a capacity for a conception of the good)과 정의감의 능력(a capacity for a sense of justice)으로 표현된다. 이러한 두 가지 자유를 행사하여, 동시에 이 두 가지 자유를 가장 잘 행사할 수 있도록 하는 정치체제를 고안해 내는 것이 자유주의 정치철학의 핵심이다.

한편, 민주주의 정치원리 역시 자유주의 발상에서 비롯된다고 할 수 있다. 자신이 살아가는 정치환경 및 조건을 형성하고 운영함에 있어, 이에 영향을 받는 당사자 개인들이 근본 원칙 및 주요 정책을 공동으로 결정하여야 한다는 발상은 기본적으로 자유주의의 구체적 실현의 원리이다. 이러한 민주주의 원리를 실현하기 위해서는 정치적 평등의 기반이 되는 정치적 자유와 권리가 보장되어야 한다. 이것은 자유주의에서 보장하고자 하는 기본적 자유(basic liberties)의 핵심을 이룬다. 다만, 현대 자유주의 정치철학에서는 이러한 정치적 자유 및 권리에 덧붙여, 사상, 양심 및 종교의 자유와 같은 개인적인 사적 자유들이 중요하게 간주되어 동등한 비중으로 기본적 자유를 구성한다. 이처럼, 민주주의의 정치원리를 이루는 핵심적 가치인 정치적 권리 및 자유는 자유주의의 기본적 자유들의 하나를 구성하게 된다. 따라서 자유주의 정치철학의 입장에서 본다면, 정치적 자유와 권리를 기타 개인적 자유 및 권리와 어떻게 결합할 것인가가 핵심적 관심사가 된다.

이렇게 보았을 때, 민주주의 정치원리는 평등한 기본적 자유의 구현을 목표로 하는 자유주의의 이념을 실현할 수 있는 현실적 정치 원리 및 제도가 된다. 물론 이러한 관계설정에 있어서, 정치적 자유 및 권리가 특별한 중요성을 지니지만, 이것이 개인적 자유인 사상 및 양심, 종교의 자유를 능가할 수는 없다. 이러한 개인적인 사적 자유와 공적인 자유를 균형있게 결합하려는 것이 자유주의 정치철학의 관심의 초점이다. 이렇게 본다면, 민주주의를 실질적으로 운영하는 다수결원칙(the majority rule)은 이러한 기본적 틀의 조건에 예속될 수 밖에 없다. 이 저술에서 언급되는 롤즈의 정치적 자유주의는 이러한 문제인식을 체계화한 대표적 이론이라 할 수 있다. 물론, 이러한 문제인식을 해결하고자 하는 현대의 다른 여러 이론가들의 시도들이 있다. 그리고 또한 롤즈의 이론적 시도 역시 자유주의 정치철학적 작업의 하나로서 많은 미해결의 문제점을 안고 있으며, 끊임없는 비판에 노정되어 있는 것은 부인할 수 없다.

자유주의를 중심 주제로 하여 전개되는 이 저술의 글들에 내재해 있는 문제인식 역시 자유주의와 민주주의가 어떻게 결합되어야 하느냐에 있다고 할 수 있다. 이것은 현대 정치철학에서 논의되고 있는 핵심적 문제 중의 하나이며 현재 한국사회가 직면하고 있는 문제이기도 하다. 학생들이 스스로 읽고 토론하고 정리한 내용의 글들에는 이러한 문제인식에 대한 학생들의 순수한 생각이 직·간접적으로 드러나 있다. 그럼에도 불구하고 이 저술의 글들은 '자유주의'에 대한 상당한 정도의 독서와 이해를 바탕으로 매우 심도 있는 분석을 제공하고 있다. 이 저술은 학생들의 정직하고 순수한 공동 노력의 결실로서 기성 학자들에게 찾아 보기 어려운 자유주의에 대한 고도의 정교한 분석과 이해를 보여준다. 여기에 어떤 조언을 하여 원래의 생각을 변경하는 것은 글의 가치를 오히려 손상할 수 있는 위험이 있기 때문에, 때묻지 않은 상태로 그대로 출판하는 것이 의미가 있을 뿐만 아니라, 또한 그렇게 수정을 할 필요가 없는 완결성을 지니는 글이라 생각한다.

이 저술의 주제인 자유주의에 대한 이론적 분석과 토론은 주로 롤즈(John Rawls)의 『정의론』(*A Theory of Justice*, 1971)과 『정치적 자유주의』(*Political Liberalism*, 1993)가 배경이 되고 있다. 익히 알려져 있듯이, 『정의론』의 핵심 내용은 합의의 공정성을 담지 하는 일종의 가상적 계약 상황인 원초적 입장(the original position)하에서 당사들이 사회의 기본구조에 적용되는 정의 두 원칙을 합의하여 도출해 내는 것으로 이루어 진다. 이 정의의 두 원칙 중 제1원칙을 통하여, 기본적 자유의 평등한 보장이 천명되고, 제2원칙은 공정한 기회평등의 원칙(the principle of fair equality of opportunity)과 차등원칙(the difference principle)으로 이루어진다. 공정한 기회평등의 원칙은 사회의 모든 직위와 직책은 누구에게나 개방되어야 하고, 차등원칙은 사회의 최소수혜자 계층의 입장을 최대한 증진시키는 것을 전제로 하여 사회경제적 불평등이 정당화 될 수 있다고 주장한다. 제2원칙은 제1원칙의 기본적 자유의 평등을 실질적으로 보장할 수 있도록 사회경제적 여건을 조정하는 분배의 원칙이라 할 수 있다. 이 두 원칙에 의해 운영되는 질서정연한 사회는 개인들이 자신에게 가장 중요한 기본적 가치인 자존감(self-respect)을 평등하게 실현할 수 있는 사회적 공간이 된다(장동진 2020, "롤스: 공정으로서의 정의", 『현대정치의 위기와 비전』 참조).

『정의론』에서 공정으로서의 정의(justice as fairness)로 명명되는 정의관은 이후 『정치적 자유주의』에서는 도덕철학과 정치철학의 명료한 구분을 통하여 하나의 정치적 정의관(a political conception of justice)으로 자리잡는다. 즉 공정으로서의 정의는, 하나의 정치적 정의관으로서, 진리성을 담지 하는 종교적, 철학적 및 도덕적 교리(religious, philosophical, and moral doctrines)와 구분되어, 독립적인 자유로운 입장에서 정치적인 것의 영역에 적용되는 정의관으로 천명된다. 특히 『정치적 자유주의』에서 롤즈는 자유민주사회의 다원주의의 현실(the fact of pluralism)에 초점을 맞춘다. 자유로운 제도가 상당기간 지속되면, 인간 이성의 작동으로 인하여 자연스럽게 상이한 신념 및 교리들이 대두되어 불가피하게 다원주의의 현실을 형성하게된다. 이러한 다원주의 현실은 자유민주사회에서 일시적인 현상이 아닌, 상당기간 지속되는 특징으로 자리잡게 된다. 이러한 다원주의 현실에서 공존 및 상호성의 원칙을 거부하는 합당하지 않은 신념들은 정치적 정의관에 의해 규제될 수 있을 것이다. 그렇지만, 합당하지만 서로 상이한 신념 및 원칙들이 갈등하는 합당한 다원주의의 현실(the fact of reasonable pluralism)에서, 이로 인해 서로 정치적 견해를 달리할 때, 자유민주사회의 안정성은 어떻게 유지될 수 있는가가 새로운 쟁점으로 부각된다. "합당한 종교적, 철학적 및 도덕적 교리들로 심각하게 분열된 자유롭고 평등한 시민들 간에, 정의롭고 안정된 사회를 상당 기간 유지시키는 것이 어떻게 가능한가?"(Rawls 1993, 4)(장동진 2020 참조)

이러한 문제인식하에 자유민주사회의 안정성 문제를 해결하기 위한 롤즈의 이론적 작업을 다음과 같이 간결히 정리해 본다. 롤즈는 『정치적 자유주의』에서 자신의 공정으로서의 정의를 보편적 진리의 문제와 결별시키고, 정치적인 것의 고유영역을 설정하여 이에 적합한 정의원칙을 실천이성(practical reason)에 의존하는 정치적 구성주의(political constructivism)를 통하여 산출해 낸다. 정의원칙 도출과정에서 여전히 『정의론』의 원초적 입장은 대표의 장치로서, 그리고 정의의 두 원칙 역시 중심 내용으로 계승된다. 이러한 정의원칙은 사회의 공정한 기본적 협동의 조건으로서 상이하지만 합당한 종교적, 철학적 및 도덕적 교리를 지닌 시민들간에 중첩적 합의(overlapping consensus)의 대상이 된다. 그리고 이러한 정치적 정의관의 타당성이 상이한 신념과 교리를 지닌 시민들간에 현실에서 상당한 정도로 인정되고 받아들여짐과 동시에, 정치적인 문제에 대해 공직자 및 시민들이 이러한 정치적 정의관에 입각한 공적 이성(public reason)을 행사하게 되면, 자유민주사회의 안정성이 유지될 수 있다고 주장한다. 『정치적 자유주의』의 근본 문제인식과 주제인 자유민주사회의 안정성 문제를 롤즈가 현실주의적 접근이 아닌, 정치적 정의관의 규범적 타당성에서 도출하고 있다는 것은 흥미롭다(장동진 2020 참조). 롤즈의 정의론 전반, 특히 정치적 자유주의의 문제인식과 내용은 이 책의 논의를 이해하는데 도움이 되는 지적 배경이 된다.

〈들어가면서〉의 “왜 정치적 자유주의인가?”에서 정준혁은 롤즈의 『정의론』과 『정치적 자유주의』에 대한 심도있는 이해를 기반으로 하여 현대 자유민주사회에서 도덕과 정치의 구분을 강조하는 정치적 자유주의 관점의 중요성을 부각시킴과 동시에 비판적 관점에서 이론적 문제를 지적하고 있다. 정치적 자유주의의 중심 내용을 분석함에 있어, 포괄적 교리와 구분되는 ‘정치적인 것의 영역’, 합당한 다원주의의 현실, 공적 이성 및 중첩적 합의의 개념을 중심으로 저자의 고유한 이해와 해석을 제시한다. 특히 비판에서 롤즈의 정치적 자유주의가 형이상학적, 도덕적 및 철학적 전제 조건들을 벗어날 수 없다고 지적한다. 이것은 롤즈가 자신의 "공정으로서의 정의(justice as fairness)"를 "형이상학적이 아닌 정치적인 것(political not metaphysical)"이라고 규정한 것에 대한 중대한 이론적 도전이다.

롤즈의 정치적 자유주의에 관한 분석에 이어, 〈제1부〉에서 김동환, 송인재, 이태운의 "원탁과 광장: 머츠의 이론으로 본 심의와 참여의 양립 가능성"은 다이애나 머츠(Diana C. Mutz)의 이론을 비판적으로 분석하여 심의와 참여의 양립 가능성을 탐색하고 있다. 저자들은 심의 민주주의를 머츠의 이론을 중심으로 이해하고 비판적으로 검증하여 심의 민주주의를 현실에서 어떻게 구현할 수 있을지를 논한다. 머츠는 참여 민주주의(participatory democracy)와 심의 민주주의(deliberative democracy)의 이론은 근본적으로 양립 불가능하다고 주장한다. 머츠에 의하면, 현실에서 정치적 참여는 자신과 정치에 관한 생각이 비슷한 사람들로 구성되어 있는 인간관계에서 활발한 반면, 정치적 심의는 생각이 다른 사람들로 구성되어 있을 때 활발하다고 한다. 즉 참여는 동질적 네트워크를, 심의는 이질적 네트워크에 기반한다. 저자들은 위와 같은 머츠의 주장에 대하여 심도 있고 예리한 분석을 전개한다. 특히 저자들의 예리한 분석들 중에서 눈에 띄는 유의미한 두 가지는 다음과 같다. 하나는 참여와 심의가 충돌 할 때 심의를 택한다고 하는 머츠의 주장에 대한 저자들의 분석이다. 머츠가 심의를 택하게 되는 근거는 심의할 때의 이익이 참여를 택할 때의 이익보다 크기 때문이라고 한다. 보다 구체적으로 정치적 견해가 다른 사람들과의 교차노출을 통해 얻게 되는 이득(정치적 관용의 증대)이 그로 인해 발생하는 비용(네트워크 내에서 친밀함이 낮아질 가능성) 보다 크다는 것이다. 그렇지만, 저자들은 이에 대한 문제점으로, 우리가 자유민주사회에서 합당한 다원주의 현실을 받아들인다면, 정치적 가치를 중시하지 않는 사람에게 까지 어떻게 정치적 가치를 중시하도록 할 수 있는가 하는 근본적 문제를 제기한다. 이것은 다시 말해 심의 민주주의가 현실 정치에서 관용적 시민을 의도적으로 만드는 것은 성공하기 어렵다는 것을 시사한다. 다른 하나는, 현대 사회는 면대면 교차노출 보다는 온라인(on－line)상의 정치 토론과 교차노출이 더 증대하고 있다. 특히 온라인 상의 교차노출은 익명성과 같은 특수성으로 인해 동질적 네트워크 내의 친밀성을 크게 해치지 않을 수 있기 때문에, 온라인 상의 교차노출을 통해 참여와 심의의 가능성을 모색할 수 있을 것이다. 물론, 온라인 상의 정치적 대화가 심의 및 참여의 긍정 및 부정의 요소를 동시에 지니고 있다 하더라도, 하나의 긍정적 기대는 온라인 상에서 교차노출이 더 쉽게 발생할 수 있으며, 또한 정치적 참여에 미치는 부정적인 영향을 감소 시킬 수 있을 것이라는 점이다. 즉 온라인 상의 교차노출을 통해 정치적으로 더 참여하게 될 수 있는 가능성이 열려 있다는 것이다. 이와 같은 저자들의 머츠 분석은 현재 한국민주정치가 직면하고 있는 여러 문제들과 깊이 연관되어 있으며, 매우 신선한 관점들을 보여준다. 우리 사회에서 진행되고 있는 정치적 대화를 비판적으로 반성해 볼 수 있는 개념, 관점 및 틀을 제공해 준다.

〈제2부〉의 박지혜의 수리모델에 의한 "정보의 대칭성과 자유무역: 로비 활동의 공개를 중심으로"는 무엇보다 방법론적 정교성을 보여준다. 정교한 방법론을 통하여 보여주고자 하는 쟁점은 선진 민주주의의 특정 제도가 어떻게 특수 및 일반이익과 상호 작용하여 무역 정책을 형성하는지를 분석하는 것이다. 이러한 분석을 위해, 기존의 게임 이론적 수리모델을 개량한 모델을 통하여 구체적으로 선진 민주주의 국가에서 로비 활동의 공개가 어떻게 더욱 빈번히 FTA의 체결을 이끌어 냈는지를 검토해 내고 있다. 수리모델을 통한 분석의 결과로, 로비 활동의 공개가 정부와 유권자간의 정보의 비대칭성을 해소하여 유권자의 교섭력이 집권 정부의 목표 함수를 재설정하게 만든다는 것을 확인할 수 있다는 점이다. 이것은 로비활동이 공개되면 유권자들과 정부간의 정보 비대칭성이 해소될 수 있으며, 이렇게 되면 유권자들의 교섭력이 커지게 되어 자유무역 결과를 도출하는데 더 큰 영향력을 행사할 수 있게 된다는 것을 의미한다. 또한 이러한 논문의 분석 결과는 민주주의 국가들이 권위주의 국가들 보다 자유무역에 참여할 확률이 높다는 기존의 주장과 함께 민주주의 국가들은 서로 무역 협정을 체결하기 위해 협력한다는 주장을 기반으로 하여, 민주주의 국가들 내에서의 정치적 제도의 차이가 자유무역에 대한 선호를 어떻게 결정하는지의 논의로 확장하였다는 이론적 의미를 지닌다고 저자는 주장한다.

〈제3부〉에서 정준혁의 “교란으로서의 외교: 강압적 외교에서의 언어적 신호와 조작”은 미국과 북한간의 비핵화 협상을 주제로, 자유민주주의 국가와 비자유적 국가간의 외교에서 신호와 조작의 문제를 다루고 있다. 이 글은 자유민주주의 국가가 권위주의 독재국가와의 관계에서 자유민주주의 정치체제를 보존하기 위해서 어떤 외교 전략을 취하는 것이 바람직한 가의 문제 인식을 반영한다. 권위주의 독재 국가의 입장에서 본다면, 자유민주 국가 존재의 자체가 자신의 정치체제의 정당성을 부인하게 만드는 중요한 체제 위협 요인이 된다. 따라서 이러한 국가들은 핵무기와 같은 대량 살상 무기를 만들어 자유민주주의 국가로부터 체제위협을 극복하고자 한다. 이처럼, 군사적 옵션을 통해 상대국에 위협을 가함으로써 자신이 원하는 바를 관철시키려는 "위기협상(crisis bargaining)"이 대두된다. 특히 정보와 국가능력에 있어서 불리하게 비대칭적 상황에 있는 북한과 같은 권위주의 독재국가는 미국과 같은 국가를 상대함에 있어 합리적 방식보다는 비합리적인 인지주의 접근을 통할 가능성이 있을 것이다. 이 글은 2017년 9월 북한의 6차 핵 실험 이후 미국과 북한의 비핵화 협상(2017-2019)의 전략을 분석하여 인지주의(지도자들의 인지적 오류나 편향된 인식으로 인해 전쟁과 같은 불상사가 발생한다)가 합리주의(국제관계의 무정부성 가정을 받아들이지만, 정치지도자의 합리성 가정을 기반으로 하여, 상대방으로 하여금 자신의 의지에 대해 신뢰할 수 있게끔 값비싼 신호를 통해 변화를 유도할 수 있다는 합리적 행위의 능동적 가능성을 인정한다) 외교 가설보다 더 설명력이 있다고 주장한다. 특히 권위주의 독재 국가에서는 지도자가 지니는 정치적 결정의 권한과 영향이 큼으로 인해, 인지주의 외교를 통해 자유민주 국가가 권위주의 국가의 지도력에 의미 있는 영향을 미칠 수 있다는 의미로 해석된다. 즉 자유민주 국가가 자신의 정체와 기본적 자유를 보호하기 위해 비자유적 독재국가를 다룸에 있어, 인지주의 외교를 통해 상대방이 나의 의도를 내가 원하는 방향으로 해석하게끔 유도하는 것이 하나의 전략이 될 수 있다는 점을 제시해 준다.

마지막으로 〈나오면서〉에서 이태운, 송인재, 김동환에 의한 자유주의의 논의는 아주 이해하기 쉬운 일상적 언어로 자유주의가 어떻게 한국사회에서 수용되어 작동하고 있으며, 어떠한 방향으로 진행되어야 하는 지에 대한 소박한 의견들을 제시하고 있다.

우선, 이태운은 "자유와 민주의 경계를 넘어서"에서 한국사회에서 자유주의와 민주주의에 대한 이해의 혼선을 지적한다. 특히 저자는 한국에서 자유주의를 경제적 자유주의의 관점에서만 이해되는 경향이 자유주의와 민주주의 관계에 관한 혼선을 빚어내고 있다고 간주한다. 사실 경제행위의 자유와 소유권 보장은 자유주의에서 강조하는 기본적 자유의 중요부분을 구성한다. 그렇지만, 이 문제에 대해서는 자유주의 정치철학의 이론가들에 따라 차이를 보인다. 소유권 보장 및 자유시장 경제체제가 기본적으로 보장되어야 하지만, 자유로운 시장을 통한 경제활동이 자본을 소수에게 집중시켜서 평등한 기본적 자유의 실질적 행사, 특히 정치적 자유 및 권리의 행사에 있어 공정성을 해쳐서는 안된다는 롤즈와 같은 자유적 평등주의(liberal equality)의 입장이 있다. 이에 따르면 정치적 자유와 권리의 행사에 있어 공정성을 보장하기 위한 공정한 기회평등의 원칙과 차등원칙과 같은 사회경제적 불평등을 조정할 수 있는 장치를 제안한다. 특히 저자는 자유주의와 민주주의 양자의 관계에서 자유주의와 민주주의가 상호 견제하는 방향을 제시한다. 역동적인 상호 견제와 보완의 과정에서 토론과 심의는 필수적인 요건일 것이다.

송인재는 "성숙한 시민사회를 만들기 위해서 자유를 어떻게 이해할 수 있을까?"를 통하여 한국 사회의 민주적 정치과정에서 표현되는 여러 가지 정치적 행위 및 일상생활에서 표현되는 행위를 관찰하면서, "개인"의 존재 의미의 중요성에 대한 생각을 자연스럽게 정리해 내고 있다. 자유는 개인의 독립성과 자율성의 본질적 부분을 형성한다. 자유주의 정치이념 및 자유민주정치는 기본적으로 개인의 존재를 인식하는 데서부터 출발한다. 그렇지만, 개인 존재를 어떻게 인식하느냐는 다양하게 나타날 수 있으며, 그것은 또한 상이한 정치견해로 발전할 수 있을 것이다. 개인 존재의 중요성에 대한 사회의 인식의 전반적 수준이 높아진다면, 보다 성숙한 자유민주 정체를 기대할 수 있을 것이다.

끝으로, 김동환은 "자유로운 정치담화를 위하여"를 통하여 한국에서 진행되고 있는 정치적 담론 및 대화들에 대한 저자의 소견을 이야기하고 있다. 특히 한국의 정치문화 중 '정치에 대해 공개적으로 이야기하는 것이 터부시'되는 문제를 언급한다. 그리고 우리의 정치적 대화에서 빈번히 나타나는 대화의 패턴으로 '나의 정치적 입장은 선, 반대되는 정치적 입장은 악으로 규정해 버리는 선악구조'를 병폐로 지적한다. 한국에서 정치적 문제에 대한 대화에서 위와 같은 패턴은 반복되어 나타난다. 상대편의 의견과 입장을 공격적으로 타파하고 편집적인 자기 의견의 고수는 사이버 공간은 물론 현실적 대화에서 늘 경험할 수 있는 현상이다. 이것은 의미 있는 의사소통과 합당한 대화를 방해한다. 저자는 이러한 부정적 정치문화가 심의 민주주의 특히 피시킨(James S. Fishkin)의 공론조사(the deliberative polls)나 심의 민주주의 날(Deliberation Day)과 같은 방식을 통해 상당히 개선될 수 있을 것이라 제안한다. 저자는 후속 프로젝트로 지역 대학생들이 참여하는 청소년 시민교육의 제도화를 새로운 팀과 함께 추진하고 있다.

이 저술에 수록된 여러 글들은 학생들의 사고의 결실이지만, 정교한 분석을 통해 수준 높은 관점과 견해를 보여주고 있다. 이것은 일견 한국사회에서 자유주의와 민주주의의 양자의 관계, 또는 이를 결합한 형태인 자유민주정체에 대한 우리 사회의 인식과 이해의 수준이 향상되고 있다는 것을 반영하기도 한다. 자유주의 및 민주정치의 근본적 원리는 어쩌면 매우 간결하게 정리될 수 있을 것 같다는 생각이 들지만, 그 구체적인 가치 및 원칙들을 어떻게 배열하고 결합하여야 하는 문제는 지속되는 학문적 탐구와 현실의 담론을 통해 점차적으로 향상될 수 있을 뿐이다. 독자들이 이 책에 수록된 신선한 생각을 읽음으로써 이러한 긴 담론의 과정에 동참할 수 있으리라 생각된다. 이러한 동참을 통해 우리의 삶의 조건인 한국사회를 더 나은 공동협력의 장으로 우리 스스로 만들어 갈 수 있을 것이다.

2020년 2월 10일

연세대 연희관 315호실

장 동 진

목 차

제3부

나오면서

들어가면서

왜 정치적 자유주의인가?

정준혁 |

이 책을 읽고자 하는 몇몇 독자들에게 "정치적 자유주의"란 상대적으로 낯선 개념일 것이다. 정치적 자유주의는 20세기 정치철학의 아버지라 할 수 있는 존 롤즈(John Rawls)의 후기 철학을 대표하는 입장이다. 한국인들에게 있어서 롤즈는 절차적 정의의 달성을 위한 분배 정의론을 제시하고 무지의 베일(the veil of ignorance)과 원초적 입장(the original position)이라는 사고실험을 통해 이를 예증하려 한 철학자로 많이 알려져 있다.[1] 아마 정규 중등 교육과정에 『정의론』(*A Theory of Justice*)을 골자로 하는 그의 전기 철학 관련 내용이 실려 있기 때문이리라 생각된다.

물론 롤즈의 정의론이 영미 분석적 정치철학의 탄생을 알린, 매우

1 이러한 개념들은 John Rawls, *A Theory of Justice*, Rev. Ed.(Oxford: Oxford University Press, 1999)에서 제시되었다.

중요한 학설이라는 데에는 이견의 여지가 없지만, 우리가 본격적으로 다루고자 하는 자유주의와 민주주의의 관계에 대한 논의는 대부분 그의 후기 철학이 집약된 『정치적 자유주의』(*Political Liberalism*)를 바탕으로 진행되고 있다. 그도 그럴 것이, 이 책은 "어떻게 서로 다른 다양한 종교적 또는 도덕적 관점을 지닌 사람들이 당신 말 대로 하나의 정의의 원칙을 수립하는 데 동의할 수 있을까?"라는 비판에 대한 답변으로서 제시된 것이다. 『정의론』에 가해진 이와 같은 비판을 염두에 두고, 롤즈는 『정치적 자유주의』가 답변해야 할 물음을 "자유로운 제도의 불가피한 결과로서 합당한 다원주의의 현실을 감안할 때, 관용의 토대는 무엇인가?"로 설정한다.[2]

어떤 의미에서 위의 두 물음이 연결되어 있는 것일까? 우선 "합당한 다원주의의 현실(the fact of reasonable pluralism)"이란 이성을 사용해 다양한 종교적, 도덕적, 그리고 철학적 교리들이 등장한다는 것이 불가피한 사회적 사실임을 나타내기 위해 롤즈가 사용한 용어이다.[3] 그는 이것이 자유로운 실천 이성의 사용에 따르는 필연적 결과라고 생각한다. 때문에 그것은 자유로운 실천 이성의 사용이 보장되는 자유민주주의 사회의 공공문화가 갖는 하나의 영구적인 특성이 된다. 실제로 롤즈는 모든 교리들을 하나의 믿음으로 통합하기 위해 시민들의 믿음을 제도적으로 조작하려는 모든 시도를 강력히 비판하며, 그러한 시도는 정당화되지 않은 강제적 권력을 동원할 수밖에 없기 때문에 "억압의 현실(the fact of oppression)"을

---

2 John Rawls, *Political Liberalism*, Expanded Ed.(New York: Columbia University Press, 2005), p. 4. 이 장에서 제시된 인용문의 번역은 모두 필자가 원문을 보고 한 것이다. 기존 번역본에 제시된 번역과는 다소 차이가 있을 수 있다.

3 Rawls, *Political Liberalism*, p. 36.

초래한다고 말한다.[4] 그렇다고 해서 사회적 일치점을 찾는 기획이 절대적으로 억압적이라는 뜻은 아니다. 롤즈 역시 민주주의적 정치체제가 생존하고 그 안정성을 유지하기 위해서는 – 당연하게도 – 다수 시민들의 적극적인 정치 참여와 통합된 지지가 필수적이라고 언급한다. 그리고 그 구심점 역할을 하는 것이 정의의 원칙 – 특히 자신이 옳다고 여기는 자유주의적 정의의 원칙 – 이라는 것이 그의 생각이다.[5]

예민한 독자라면 눈치 챘겠지만, 여기에서 자유주의와 민주주의의 충돌이 발생한다. 민주적 사회는 시민들로 하여금 하나의 교리를 따르도록 강요할 수 없지만, 그럼에도 시민들이 정부와 제도의 운영 원리로서 특정한 정의의 원칙을 준수한다는 의미에서 사회적 통합을 추구해야만 한다. 이것이 어떻게 가능할까? 즉, 정부가 반드시 특정 정의의 원칙을 따라야 한다고 시민들에게 주입하는 방식이 아니라면, 대체 어떤 방식으로 시민들이 그 정의의 원칙을 준수하고 있다고 보장할 수 있을까? 개별 시민들이 지니는 고유한 교리들을 관용하면서 한편으로 하나의 정의의 원칙에 의거한 사회적 통합을 유도할 수 있는 방법은 무엇인가? 롤즈는 "중첩적 합의(the overlapping consensus)"를 통해 모든 시민들이 동의할 수 있는

---

4 Rawls, *Political Liberalism*, p. 37.

5 이 자유주의적 정의의 원칙이 『정의론』에서 제시되었던, 공정성으로서의 정의관(justice as fairness)을 구성하는 두 정의의 원칙이다. 이에 대해서는 Rawls, *A Theory of Justice*, pp. 52–80을 참조하라. 몇몇 학자들은 그 내용이 『정치적 자유주의』로 오면서 약간 수정되었다고 주장하기도 하지만, 그 원칙이 "자유주의적"인 것임을 짚고자 하는 현재의 목적에 비추어 볼 때 세부적인 내용 변화에 대한 논의는 잠시 미뤄두어도 될 듯하다.

정의의 원칙을 찾아야 한다고 주장한다.[6] 중첩적 합의가 시민들 간의 모든 의견 불일치가 제거된 상태를 말하는 것은 아니다. 이는 *시민들 각자의 관점에 비추어 볼 때* 모두 수용할 수 있는 지점을 찾고자 하는 것이다. 이러한 의미에서 롤즈의 목표는 실천적이다. 그는 공적 삶에 적용될 수 있는 유일하고도 절대적인 도덕적 진리를 찾고자 하는 것이 아니다. 대신 그는 모든 시민들의 합당한 동의 하에 실제 국가 제도에 적용될 수 있는 규범적 준거로서 정의의 원칙을 수립하고자 한다. 정의의 원칙을 정당화하는 최종적인 근거는 롤즈 자신의 이성에 있는 것이 아니라, 그 원칙이 적용될 사회의 모든 시민들의 이성에 있는 것이다. 롤즈의 표현을 빌리자면, 이는 "철학 그 자체에 관용의 원칙을 적용하는" 일이다.[7]

이 장에서는 이후 전개될 본문에 대한 이해를 돕기 위해 그 배경이 되는 롤즈의 정치적 자유주의가 무엇인지에 대해 간략히 소개할 것이다. 먼저 나는 정치적 자유주의의 핵심 개념들을 엮어 롤즈가 제시하고자 한 이상의 큰 밑그림을 보이고자 한다. 그 다음에 자유주의와 민주주의를 연결하는 구체적인 수단으로써 롤즈가 제시했던 "공적 이성(public reason)"이란 개념을 중점적으로 소개할 것이다. 이 장이 그 자체로 롤즈 후기 철학의 한 단면에 대한 심도 있는 분석을 제공하지는 않는다. 이 장은 본문에서 다뤄질 자유주의와 민주주의의 관계에 대한 각 사회과학 분야의 경험적, 현실적, 실제적 접근의 근간 또는 동기적 기반을 밝히려는 목적으로 작성되었다. 이 장이 그 목표를 훌륭히 수행할 수 있기를 바란다.

---

6 Rawls, *Political Liberalism*, pp. 43–44.

7 Rawls, *Political Liberalism*, p. 10.

1. 정치적인 것의 영역

롤즈가 생각하기에, 정의의 원칙이 중첩적 합의를 통과하기 위해서는 그것이 "포괄적인(comprehensive)" 것이 아니라 "정치적인" 것이어야 한다고 말한다. 이는 무슨 뜻인가? 롤즈는 이와 관련하여 다음과 같이 해명한다.

> 정치적 정의관과 다른 도덕적 관점들 간의 차이는 범위의 문제이다: 즉, 그 관점이 적용되는 대상들의 범위와 그 범위에 필수적으로 들어가야 한다고 주장되는 내용의 차이이다. 어떤 도덕적 관점이 많은 범위의 대상들에 적용되고, 모든 대상들에 보편적으로 적용되는 것을 그 한계로 삼을 때 우리는 그 관점을 일반적(general)이라고 말한다. 그것이 인간 삶의 가치, 개인 성격의 이상을 비롯해 친구 간, 가족 간, 그리고 다른 관계들에 있어서의 이상, 그리고 우리의 행위에 영향을 미치는 많은 다른 대상들에 대해 관점을 제시하며, 우리 삶 전체를 그 적용의 한계로 삼을 때 우리는 그 관점을 포괄적(comprehensive)이라고 여긴다.[8]
>
> 정치적 관점의 대상은 다음과 같다. 물론 그러한 관점이 도덕적 관점이기는 하나, 그것은 정치, 사회, 그리고 경제 제도라는 특정한 대상들에만 적용되는 도덕적 관점이다.[9]
>
> 정치적 정의관은 독립적인(freestanding) 관점으로서 제시된다. 정치적 관점은 그것에 의해 통제되는 사회에서 허용되는 다양한 합당한 포괄적 교설들에 의해

---

8 Rawls, *Political Liberalism*, p. 13.

9 Rawls, *Political Liberalism*, p. 13.

지지될 수 있고 또 그것들의 핵심적인 구성요소로 간주될 수 있는 모듈이다.[10]

나는 여기에 대해 두 가지 평을 덧붙임으로써 설명을 대신하고자 한다. 첫째, 보다시피 "정치적인 것"에 대한 롤즈의 정의는 상당히 모호하다. 그는 정치적 관점과 도덕적 관점의 구별이 범위의 문제라고 주장했지만, 이것이 정말 단지 적용되는 대상의 범위에 따른 문제인지는 미지수이다. 가령, 개인의 사적인 삶을 규제하는 도덕 원칙과 무관하게 정치, 경제, 그리고 사회 제도를 설계함에 있어서만큼은 공리주의를 따라야 한다는 이론적 입장은 그 범위를 제도적 요소에 한정하고 있지만, 여전히 포괄적인 도덕철학적 교설에 근거하고 있다. 그렇다면 롤즈가 단지 다루는 대상의 범위만을 갖고 정치적인 것과 도덕적인 것을 구분하는 데에는 무리가 있어 보인다.

이제 정치적인 것에 대한 롤즈의 생각을 더 잘 이해하기 위해 정치적 관점이 독립적인 관점이라는 그의 견해를 주목할 필요가 있다. 정치적 관점은 그것의 정당화를 위해 다른 어떤 포괄적 교설에도 의존하지 않는다는 점에서 그것들로부터 독립적이다. 그런데 이는, 어떤 포괄적 교설의 고유한 전제 조건들에 의존하지 않고 다른 방식으로 공적 수준에서 정당화될 수 있는 한, 그 포괄적 교설의 교리 중 일부를 정치적 정의관의 일부로 차용할 수 있는 가능성을 부정하지 않는다. 위의 두 고려를 종합해 볼 때, 우리는 롤즈에게 다음과 같이 물어볼 수 있을 것이다: 왜 공적으로 수용되는 언어를 사용해 정당화하려는 노력도 없이 정치적인 것 이외의 가치

---

10 Rawls, *Political Liberalism*, p. 12.

들을 공적인 수준에서 옹호하는 작업을 포기해야 하는가? 왜 특별히 정치적인 가치들만 공적으로 정당화될 수 있는가? 정치적인 영역과 삶의 다른 영역 간의 구분이 너무 작위적인 것은 아닌가?

둘째, 첫 번째 관점과는 정반대의 입장에 서서, 다양한 종교적, 도덕적, 그리고 철학적 교설들로부터 공통적으로 추출될 수 있는 정치적인 요소가 존재하기는 하는지 의문을 제기할 수도 있다. 롤즈는 합당한 시민들이 모두 만족할 수 있는 합의점을 찾아낼 수 있으리라고 믿는다. 그러나 (1) 많은 사람들은 단일한 포괄적 교설이라고 여길 수 있을 만큼 일관적인 사유 체계를 갖고 있지 않으며 오히려 사유의 파편적이면서도 비정합적인 집합체에 의존해 판단을 내린다. (2) 합당한 사람들은 각자의 포괄적 교설에 따라 정치적인 것의 개념 그 자체－즉, 무엇이 정치적인 것인지－에 대해 서로 의견 불일치를 보일 수도 있다. (3) 다양한 합당한 교설들이 존재하고 중첩적 합의를 통해 서로의 교설들 중 양립 가능하지 않은 부분들은 모두 정치적인 것의 범주에서 배제해야 하기 때문에, 비록 포괄적 교설들 간의 합의에 도달한다 하더라도, 그 합의는 오로지 정의에 대한 아주 추상적이고 일반적인 개념에 국한될 것으로 보인다. 롤즈도 인정하는 이와 같은 도덕심리학과 사회적 다양성의 현실은 중첩적 합의를 통해 정치적 정의관을 확립하려는 그의 기획을 실현하기 어렵게 만들 것이다.

우선 정치적인 것의 개념이 매우 모호하다는 점을 염두에 두고, 일단 정치적인 것에 대한 그의 이해를 마저 따라가 보도록 하자. 롤즈는 정의관이 정치적이어야 한다고 말하는 데에서 그치지 않고, 인격(person)에 대해서도 정치적인 관점을 견지하고자 한다. 이는 그가 칸트적 자율 개념에 입각해 인격을 정의했던 『정의론』에서와 달리 정의관을 믿고 그에 따라 행동하는 인격 역시 "정치적" 이상의 일부임을 보장하기 위함이다.[11] 즉, 그는 각기 다른 인격의 이상을 지닌 합당한 교설들에 의해 두루 자신의 정의관이 정당화될 수 있도록 인격에 관한 형이상학적 또는 도덕적 전제 조건들을 최소화하고자 한다. 이러한 의미에서, 롤즈는 자신의 정의관이 어떤 인격이 서로 다른 두 시점에서 동일한 인격으로 간주될 수 있게끔 하는 특성인 "두꺼운(thick)" 정체성에 대해 어떠한 특정한 관점도 전제하지 않는다고 말한다. 그는 이것이 도덕철학의 문제이지 정치철학이 다뤄야 할 문제가 아니라고 생각한다. 그는 단지 "우리 자신에 대한 우리의 관점"이라는, 심오한 형이상학적 함의를 포함하지 않는 수준에서 인격적 정체성이라는 용어를 사용한다.[12]

롤즈는 합당한 다원주의의 현실을 존중하기 때문에 정치적 관점에서 본 인격이란 자기 자신을 타당한 요구의 자기-진실적(self-authenticating; 그/그녀에 의해 제시되었다는 이유만으로 진실된 것으로 간주될 수 있는) 출처로 간주하는 "자유로운" 시민이라고 정의한다.[13] 자유민주주의 사회의 시민은 스스로 생각할 수 있으며 그들이 무엇을 믿건 관계 없이 자신의 믿음에 대해 신뢰를 지니고 있다는 뜻이다. 그들은 정치의 장에서 자유로이 자신의 요구를 개진하며, 어떤 정책이 옳은지 그른지에 대해 스스로 판단할 수 있다. 물론 그들은 민주적 의사 결정 절차에 동등한 참여권을 지니는 시민으로서 의무와 책임 역시 부담한다. 그들의 정치적 결정은 언제나

11 이는 『정의론』의 제3부에서 이루어지는 작업이다. 롤즈는 칸트적인 도덕심리학에 근거하여 자신의 정의관이 어떻게 합리적으로 자신의 이익만을 추구하는 개인들의 선관과 합치(congruence)할 수 있는지를 보여주고자 하였다.

12 Rawls, *Political Liberalism*, p. 31n.

13 Rawls, *Political Liberalism*, pp. 29, 32.

특정한 결과를 초래할 것이기 때문에, 그들은 그것을 감내할 준비가 되어 있어야 한다. 그리고 그 준비의 일환으로, 그들은 사회가 자신들에게 제공하리라 합당하게 기대할 수 있는 것이 무엇인지에 비추어 자신의 이익 추구를 자제할 수 있는 능력을 지니고 있어야 한다.

이 마지막 문장에서 알 수 있듯이, 롤즈가 말하는 이상적 시민은–그의 표현에 따르면–단지 "합리적인(rational)" 수준을 넘어서서 "합당한(reasonable)" 사람이다. 이들은 언제나 자신의 이익을 최대화하려는 사람들이 아니라, 사회 전체의 이익과 자신의 이익을 비교해 둘 간의 적절한 균형점을 찾을 수 있는 능력을 갖춘 이들이다. 이러한 맥락에서 롤즈는 합당한 시민이 반드시 "선관(a conception of the good)을 확립할 수 있는 능력과 정의감(a sense of justice)"이라는 두 가지 도덕적 힘을 지녀야 한다고 역설한다.[14] 선관을 확립할 수 있는 능력이란 어떤 시점에서든 자신의 최종 목적이 무엇인지를 합리적으로 알고, 그것을 추구할 수 있는 능력이다. 이 능력은 시민들이 개별적인 행위자(주체)로서 이익들을 비교하고 이성의 힘을 사용해 두 도덕적 힘과 연관된 판단, 추론, 그리고 사유를 할 수 있다고 가정하기 위해 형식적으로 요구되는 것이다. 이 합리성의 수준에서 벗어나 롤즈는 이상적인 인격으로서의 시민이 정의감을 지니는 것으로 간주되어야 한다고 주장한다. 그에 따르면 정의감이란 "사회적 협력의 공정한 조건들을 규정하는 공적 정의관을 이해하고 그에 따라 행위할 수 있는 능력이다."[15] 롤즈는 이 두 가정에 의거해 정의된 인격이 정치적인 의미에서

14 Rawls, *Political Liberalism*, p. 30–35.

15 Rawls, *Political Liberalism*, p. 19.

합당하다고 말한다. 그들은 시민들과 기꺼이 협력하고 적정한 수준의 책임과 의무를 부담할 준비가 되어 있는 이들이다.

이 점에서 알 수 있듯이, 롤즈는 정치적 자유주의의 근간이 되는 정치적인 것의 개념을 명확히 정의하기 보다는 그것과 연관된 개념에 의거해 해명하는 우회적 방식을 채택한다. 위의 논의에 따르면, 정치적 정의관이란 특정한 도덕적 능력을 지닌 인격들에 의해 공통적으로 지지되는 정의관인 셈이다. 물론 이것이 명확한 정의를 대체할 수 있는 바람직한 정당화 방식인지에 대해서는 여전히 의문의 여지가 남아있다.

일단 논의 전개를 위해 정치적 정의관에 대한 롤즈의 해명을 받아들여 보자. 이제 이렇게 정치적 정의관을 설명하고자 한다면, 롤즈는 다음과 같은 구체적 물음에 반드시 답해야만 한다. 왜 시민들이 사회적 협력의 공정한 조건을 수용하고 따를 때에만 합당하다고 간주되어야 하는가? 정확히 어떤 의미에서 이와 같이 공적 정의관을 따르는 행위가 개인의 합리적 이익 추구 행위와 구분되는가? 그것 역시도 합리적 이익 추구로 환원될 수 있지 않겠는가? 이러한 질문들에 답변하기 위해 우리는 롤즈가 왜 사회적 협력의 공정한 조건을 확립하는 것이 사회 정의의 달성에 핵심적인 요소라고 생각했는지를 살펴보아야 한다.

2. 공정한 협력의 체계로서의 이상사회

다원주의적 사회에 적용되는 롤즈의 정의론을 구성하는 마지막 요소는 바로 그 다원주의적 사회의 이상이 무엇인가에 대한 답변이다. 우리는 이상사회의 시민들이 어떠해야 하며, 그들이 어떤 믿음을 지녀야 하는지를 살펴보았다. 그렇다면 그러한 시민들이 만들어낸 사회는 어떤 모습을 하고 있을 것인가?

롤즈는 그것이 "질서정연한 사회(well-ordered society)"라고 대답한다. 질서정연한 사회가 어떤 사회인지 설명하기에 앞서, 롤즈는 우리가 "사회란 무엇인가?"에 대해 탐구할 필요가 있다고 말한다. 어떤 사회의 이상(ideal)은 일반적으로 사회가 무엇인지에 대한 관념(idea)에 따라 달라질 수 있기 때문이다. 그래서 롤즈는 자신이 염두에 둔 사회가 무엇인지를 먼저 밝힌다. 롤즈는 사회를 각기 다른 이익과 신념을 지닌 개인들에 의해 설립된 협력의 체계로 인식한다. 그는 이것이 미국과 같은 자유민주주의 사회의 공적 정치문화를 관찰한 결과 얻게 된 이해에 기반을 두고 있다고 한다.[16] 그에 따르면 이러한 사회에서 사회적 협력(social cooperation)은 (1) 규칙 준수 조건(the rule-following condition)과 (2) 호혜성 조건(the reciprocity condition)을 충족해야 한다는 점에서 사회적 조정(social coordination)과 구분된다. 이는 롤즈가 새로운 가정을 제시한다기 보다 영미 사회 및 정치 이론가들에 의해 널리 받아들여지는 구분법을 차용하여 자신의 이론에 맞게 재조직화한 것으로 볼 수 있다.

우선 규칙 준수 조건이란 사회적 협력이 공적으로 승인된 효과적인

---

16 본질적으로 롤즈의 정의론이 자유민주주의 사회의 이상을 제시하고자 하는 의도를 지니고 있음을 알게 해주는 대목이다. 때문에 그의 이상이 현실에 존재하는 모든 사회들에 보편적으로 적용이 되지 않기 때문에 기각되어야 한다는 비판은 전혀 온당치 못하다. 롤즈는 분명히 권위주의 나 전체주의 등과 같은 다른 정치사회 모델들을 고려하지 않는다고 밝힌다. 우리가 이 이상의 실현 가능성에 의문을 제기하고자 한다면, 우리는 이것이 미국 등 현존하는 자유민주주의 사회에서 구현 가능한 이상인지를 따져봐야 한다.

규칙과 절차들에 대한 인식 및 수용을 전제로 이루어진다고 가정한다. 이에 따라 협력이란 롤즈가 "배경적 정의"라고 부르는 제도적 조건들에 의해 구성된 규칙들 안에서 이루어지는 사회적 실천의 양식으로 볼 수 있다. 여기서 배경적 정의는 사회의 기본구조(basic structure)에 적용되는 정의의 원칙을 확정하기 위해 필요한 것이며, 시민들의 삶 전체에 광범위한 영향력을 미치는 것으로 이해된다. 롤즈는, 시민들이 살아가는 내내 이러한 기본구조가 그들의 이익과 사유를 어느 정도 규제하고 정의하기 때문에, 정의론의 주된 대상이 사회의 기본구조여야 한다고 말한다. 그러므로 사회적 협력이 공정하게 (또는 정의롭게) 이루어지기 위해서는 그것이 전제하고 있는 규칙과 절차들이 정의롭게 조직되어야 한다는 추론으로까지 나아가게 되는 것이다. 단순한 사회적 조정은 이러한 배경적 또는 절차적 정의의 문제를 고려할 필요 없이 개인들 간의 협상을 통해 달성할 수 있다는 점에서 사회적 협력과 차이를 보인다.

다음으로 호혜성 조건은 어떤 사회적 실천이 사회적 협력으로 분류되기 위해 갖추어야 할 규범적 제약 조건이다. 롤즈는 협력이란 그것을 이룩하기 위해 필요한 공정한 조건에 대한 관념을 포함하며, 협력의 공정한 조건은 다시 호혜성의 관념을 함의한다고 명시한다. 이는 앞서 언급했던, 인격의 합리성과 합당함의 구분에 대응하는 것으로, 사회적 조정과 협력을 그것이 나타내는 사회적 관계성에 의거해 구분하는 시도이다. 여기서 주목할 점은, 롤즈가 어떤 특정한 도덕심리적 가정을 전제로 삼지 않기 위해 호혜성을 일종의 마음 상태로 보지 않고, 질서정연한 사회의 시민들에 의해 공적으로 승인될 수 있는 관계 맺음의 방식을 지칭하는 용어로 사용한다는 점이다. 이는 단지 자신의 이익만을 추구하기 위해 일시적으로 타인과 이익을 조율하는 사회적 조정과 다른 방식의 관계 맺음이라는 것이다.

왜냐하면 때때로 그러한 자익 추구는 공적으로 정당화될 수 없기 때문이다. 이러한 방식을 통해 롤즈는 사회적 협력에 대한 어떤 특정한 도덕적 교설에 의거하지 않고 오로지 사회적 사실과 실천으로부터 규범성을 도출해내고자 한다.

위의 두 조건들은 왜 롤즈가 사회적 협력의 공정한 조건들을 준수하는 시민만을 합당한 시민으로 여기는지에 대한 답변을 제공해준다. 롤즈에게 있어서 사회란 협력적 체계로 상정되기 때문에 정의의 문제가 다루어야 할 핵심은 단순한 공동 이익의 추구를 넘어서 호혜성을 유지할 수 있도록 그러한 사회적 상호작용의 배경이 되는 절차와 규칙의 공정성을 보장하는 문제이다. 그러한 정의의 조건들, 즉 사회적 협력의 공정한 조건들에 대해 고려하는 시민만이 합당하다고 간주될 수 있는 것이다.

이제 우리는 위의 두 조건을 충족하는 이상사회가 어떤 모습인지 상상해볼 수 있다. 롤즈는 이 질서정연한 사회의 세 가지 특징을 다음과 같이 나열한다.

첫째(공적으로 승인된 정의관이라는 관념에 내포되어 있듯이), 그 사회는 모든 사람들이 동일한 정의관을 수용하고 또 다른 모든 이들이 자신과 마찬가지로 그것을 수용한다는 점을 알고 있는 사회이다. 둘째(그러한 정의관에 의한 효과적 규제라는 관념에 내포되어 있듯이), 그 사회의 기본구조가 이러한 원칙들을 만족한다고 공적으로 알려져 있거나 좋은 이유에 의거해 그렇게 믿어지고 있다. 그리고 셋째, 시민들이 보통 효과적인 정의감을 갖고 있어서 그들이 정의롭다고 여기는 사회 기본제도에 일반적으로 순응한다.[17]

이는 지금까지 언급한 정치적 자유주의의 모든 요소들을 결합해 만들어진 이상사회의 모습이라 할 수 있다. 롤즈도 이것이 매우 이상화된 개념이라는 점을 인정한다. 당연히 많은 이들이 이것이 실현 가능한 이상인지에 대해 의문을 제기했다. 하나의 정의관에 대한 합의를 도출한다는 것이 정말로 현실 속의 자유민주주의 사회에서도 실현 가능한 일인가?

또 한 가지 제기될 수 있는 물음은 다음과 같은 것이다: 어찌어찌 해서 이 이상을 실현했다고 치자. 하지만 그것이 안정적으로 유지될 수 있는가? 다양한 사유와 교리를 만들어내고 믿는 무수히 많은 사람들이 한 시점에 특정한 정의관에 동의했다고 해서, 반드시 그들이 지속적으로 그것을 옹호하리라는 보장이 있는 것은 아니다. 오히려 그들은 조금씩 그 정의관에 대해 자신만의 변화된 관점을 형성할 것이고, 그러다 보면 자연스럽게 과거에 확립된 정의관이 현재에 이르러서는 효과적인 통제의 기능을 수행하지 못하는 상황에 직면할 수도 있다. 그러한 사회는 하나의 정의관에 의한 지속적 통제를 보장할 수 없으므로 사회적 안정성의 수준이 매우 낮은 사회일 것이다. 그런데 직관적으로 보기에 사회적 안정성은 중요한 가치인 것으로 보인다. 그것이 결여된 사회는 작게는 서로의 신념이 양립 불가능하다고 여기는 파벌들 간의 정치 투쟁으로 점철될 것이며, 크게는 반란과 폭동, 또는 내전으로 매우 혼란스러운 상태에 처하게 될 것이다. 그렇다면 롤즈는 정치적 정의관을 따를 때 동시에 사회적 안정성도 보장된다는 점을 입증해주어야 한다. 특히, 그는 사회적 안정성에 특정한 도덕철학적 가치를 부여하지 않고, 그가 말하는 "정치적인" 방식으로 정당화해야

17 Rawls, *Political Liberalism*, p. 35.

한다. 즉, 이상적인 정치적 정의관에 대해 현실 속의 자유민주주의 사회에서 합의를 이루었다면, 그것은 어떻게 안정적으로 그 사회를 통제하는 규준으로 작용할 수 있는가? 또 정치적 관점에 의거해 우리가 그러한 사회적 안정성을 추구해야 하는 도덕적 이유를 제공해줄 수 있는가?

위의 물음들에 대한 대응으로서 롤즈가 제시한 개념이 바로 "공적 이성"이다. 이것이 두 물음에 대해 바람직한 답변을 제시하는지 다음 절에서 살펴보도록 하자.

3. 공적 이성이란 무엇인가

롤즈에 따르면, 공적 이성은 모든 시민들이 "헌법의 필수요소들과 근본적 정의의 문제(constitutional essentials and the matters of basic justice)"를 다루는 공적 토론에 참여할 때 반드시 준수해야 할 형식적 가이드라인과 같은 것이다.[18] 이러한 정의에서 우리의 눈길을 끄는 것은 두 가지 측면이다. 첫째, 공적 토론을 규제하는 형식적 가이드라인이 하는 역할은 구체적으로 무엇인가? 둘째, "헌법의 필수요소들과 근본적 정의의 문제"는 무엇을 지칭하는가? 첫째 질문은 공적 이성의 기능에 관한 것이고, 둘째 질문은 공적 이성의 적용 대상에 관한 것이다.

먼저 두 번째 질문에 대한 답을 찾아보도록 하자. 이와 관련하여,

---

18 Rawls, *Political Liberalism*, pp. 227–30.

롤즈는 다음과 같은 정의를 제시한다. 그에 의하면, 헌법적 필수요소들이란,

> a. 정부와 정치과정의 일반 구조를 구체화하는 근본적 원칙들: 입법부, 행정부, 그리고 사법부의 권력; 다수결의 법칙이 적용되는 범위
>
> b. 입법 시 다수파가 존중해야만 하는 동등한 기본권과 자유: 가령, 투표권과 정치참여권; 양심의 자유; 사상과 결사의 자유; 법치에 의한 보호

를 포함한다고 한다.[19] 롤즈의 두 정의의 원칙에 친숙한 독자들이라면, 이 목록이 그 중 첫 번째 정의의 원칙에서 강조한 정치 참여와 기본적 자유를 헌법적인 수준에서 구체화하고 있음을 알아차릴 수 있을 것이다. 헌법은 기본적으로 시민의 동등한 정치참여권을 보장하는 절차적 틀로서 기능한다는 것이 그의 생각이다. 한편, 롤즈가 두 번째 정의의 원칙에서 강조했던 사회경제적 자유의 문제는 그것들이 헌법적 필수요소들의 보장을 방해하는 한에서 "근본적 정의의 문제"로서 다루어진다. 롤즈가 이 문제를 다룸에 있어서 첫 번째 정의의 원칙을 상대적으로 강조하는 것은 시민으로서 삶을 살아가기 위한 최소한의 조건을 보장하는 것을 목표로 하는 헌법의 기능에 비추어 볼 때 상식적으로 이해 가능한 처사로 보인다.

이제 우리는 공적 이성이 어떤 역할을 수행하는지 알아보아야 한다. 이 문제를 해결하기 위해, 우리는 먼저 공적 이성이라 불리는 이 가이드라인을 구성하는 요소가 무엇이며 어느 정도의 토론까지 "공적"인 것으로 간

19 Rawls, *Political Liberalism*, p. 227.

주할 수 있는지에 대해 생각해볼 필요가 있다. 이 물음들은 각각 공적 이성의 내용과 범위에 대한 질문을 대변하고 있다. 롤즈는 공적 이성이 정치적 정의관에 의해 정식화된 두 자유주의적 정치적 가치를 그것이 다루어야 할 내용으로 삼는다고 말한다. 이들은 정치적 정의의 가치와 공적 이성의 가치로, 각각은 정의로운 사회의 실질적 및 형식적인 형상을 반영하는 것으로 간주된다. 공적 이성은 시민들이 공적 토론에 참여할 때 이 두 가치를 존중하는 방식으로 임하게끔 지도하는 역할을 맡는 것이다. 그래서, 롤즈에 따르면, 시민들은 헌법적 필수요소들과 근본적 정의의 문제를 고려할 때 항상 이 자유주의적 정치적 가치들을 다른 가치들보다 우선시해야 한다. 즉, 시민들은 자신들이 합의한 정치적 정의관을 항상 존중하는 한편, 그러한 존중이 지속될 수 있도록 하는 원리인 공적 이성 그 자체의 가치 역시 존중해야 한다는 것이다. 이러한 자기 강화적 메커니즘은 롤즈가 정치적 정의관의 안정성을 보장하려는 시도를 잘 보여준다. (물론 이렇게 사회적 안정성을 추구하는 것이 어떻게 정당화될 수 있는지에 대해서는 아직 답변이 제공되지 않았다. 이는 다음 절에서 다루도록 할 것이다.)

다음으로 공적 이성이 포괄하는 토론의 범위에 대해 살펴보도록 하자. 롤즈는 공적 이성의 가이드라인이 주로—법정이나 정부 사무소 등—정치적 포럼에서 이루어지는 도덕적 판단들에 적용된다고 생각한다. 특히 그는 공적 이성이 반드시 적용되어야 할 곳으로 (미국의 경우) 헌법을 다루는 대법원을 꼽는다.[20] 공적 이성이 적용된다는 것은 곧 그곳에서 진행

20 이 논의에 대한 배경지식을 제공할 목적으로, 롤즈는 헌법주의(constitutionalism)의 주요 교리들에 대해 간단히 언급한다. 이들은 다음과 같이 요약될 수 있다.

되는 토론은 언제나 정치적 정의관을 염두에 두고 있어야 한다는 뜻이기도 하다. 한마디로, 롤즈의 질서정연한 사회에서 헌법은 항상 *정의로운* 헌법으로 간주된다. 이는 헌법이 모든 합당한 시민들의 의지를 반영하며, 이 시민들은 이미 중첩적 합의를 거쳐 특정한 정치적 정의관에 대해 합의했다고 간주되기 때문이다. 중첩적 합의 이후에 이 정의관의 안정성을 위협하는 유일한 가능성은 그 정의관이 잊혀지거나 무시될 수 있다는 점이다. 그러한 상황을 방지하기 위해 롤즈는 사법부가 언제나 공적이성의 "제도적 전형(institutional exemplar)"을 보여 주어야 한다고 생각한다.[21] 왜냐하면 법정이야말로 (현실에서 조차) 모든 결정이 헌법의 근본적 원칙들에 위배되지 않고 합당한 정치적 가치를 숭상하는 방식으로 정의롭게 이루어져야 하는 공적 정치적 포럼이기 때문이다. 롤즈는 법률가들이 이상적인 정치적 정의관에 대해 그 누구보다 잘 알고 있을 가능성이 높기 때문에 그들이 더더욱 "이성적 견해를 통해 그들이 할 수 있는 한 최선의 헌법 해석을 제시"해야 한다고 주장한다.[22] 이것이 이성의 공공성을 실현하는 중요한

---

(1) 인민(people)의 헌법 제정권은 정부 관료나 유권자의 일상적 권한(=법적 권리)과 다르다. 전자의 권한은 어떤 사회에 정치체제가 부재한 경우에 한하여 (새로운 정부를 구성할 목적으로) 행사될 수 있다. (2) 도덕률은 인민의 헌법 제정권을 나타낸다는 점에서 의회와 유권자의 일상적 권한을 대변하는 일반 법률과 구별된다. 그리고 도덕률은 일상적 권한을 규제하고 지도한다. (3) 민주적 헌법은 특정한 방식으로 스스로를 다스리겠다는 인민의 정치적 이상에 대한 도덕률을 원칙화해 표현한 것이다. (4) 민주적으로 비준된 헌법과 권리장전을 통해, 시민체는 특정한 헌법적 필수요소들에 대해 최종적인 결정을 내린다. (5) 입법부, 행정부, 그리고 사법부가 적절한 절차에 따라 구체화된 서로 간의 관계와 인민에 대한 책임성에 입각하여 궁극적인 (정치) 권력을 지닌다(Rawls, *Political Liberalism*, pp. 231–32.).

21 Rawls, *Political Liberalism*, pp. 235–37.

22 Rawls, *Political Liberalism*, p. 236.

방식이자, "공적 이성의 넓은 또는 교육적인 역할"이라는 것이다.[23] 여기서 롤즈가 제아무리 합당한 시민이라 하더라도 항상 정의관에 대해 생각하고 있는 것은 아니라는 점을 감안하여 어떻게 현실 속에서 최대한 정의관의 안정성을 보장할 수 있는지에 대해 고민한 흔적이 역력히 드러난다. 일상 속에서도 항상 그러한 정의관을 다루는 역할을 하는 사람들이 나서서 그렇지 않은 사람들도 계속 정의관에 대한 인식과 존중을 유지하도록 힘쓰는 수밖에 없다는 것이다. 그것이 롤즈가 생각한 공적 이성의 실질적인 가이드라인의 요체이다.

그러나 이것이 다가 아니다. 롤즈는 또한 일반 시민들도 의식적으로 공적 이성의 가이드라인을 따르기 위해 노력해야 한다고 강조한다. 대표적인 것이 투표할 때이다. 롤즈는 시민들이 투표할 때 정책집행자 또는 입법자가 어떤 일을 해야 할지에 대해 숙고할 필요가 있다고 말한다. 이는 그가 투표 행위를 일반 인격과 정치적 인격—즉, 시민으로서의 인격—을 구분하는 중요한 행위로 간주한다는 점을 보여준다. 이는 또한 그가 공적 이성을 따르는 행위가 근본적으로 *성찰적인* 행위라는 데 방점을 찍고 있음을 드러낸다. 왜냐하면 투표소 안에서 투표를 하는 행위는 다른 시민과의 어떠한 대화나 의사소통도 수반하지 않음에도, 자신의 투표 결정이 다른 모든 합당한 시민들에게 정당화될 수 있는 방식으로 내려져야 한다는 점을 강조하기 때문이다. 공적 이성을 따라야 하는 상황은 어떤 이가 공공 장소나 포럼에 국한되는 것이 아니다. 시민이 정치에 참여할 때라면 언제나, 즉 자신의 정치권력을 행사하는 때라면 언제나 자신의 행위가 모든

23 Rawls, *Political Liberalism*, p. 236.

합당한 동료 시민들에게 정당화될 수 있는지 여부를 따져봐야 한다는 뜻이다. 물론 이렇게 내적 성찰과 도덕적 판단을 깊이 한다는 것은 분명 쉬운 일이 아니다. 그럼에도 너무 우려하지 말고 이상을 실현하기 위해 노력하라는 것이 롤즈가 우리에게 하고 싶은 말일 것이다. 현실을 고려해 먼저 법률가들의 역할을 강조한 것도 일반 시민들의 지적 부담을 덜어주려는 그의 배려일 것이다.

4. 자유주의적 정당성의 원칙

앞 절에서 우리는 공적 이성이 어떻게 정의관을 현실 속 자유민주주의 사회에서 실현하는 데 도움을 주며, 또 어떻게 그 정의관이 안정적으로 한 사회를 통합하게끔 하는 데 기여하는지를 살펴보았다. 하지만 우리는 아직 왜 그리 해야 하는지에 대한 답변을 얻지 못했다. 즉, 공적 이성을 따라야 하는 도덕적 이유는 무엇인가? 우리는 왜 공적 이성의 가이드라인을 따르는 방식으로 정치적 정의관의 안정성을 추구해야 하는가?

롤즈에 의하면, "공적 이성은 법률 제정과 헌법 개정에 있어서 집합체로서 최종적인 정치적 및 강제적 권력을 행사하는 동등한 시민들의 이성이다."[24] 이는 정치적 권력의 행사가 반드시 공적 이성의 제약 하에 이루어져야 한다는 규범적 주장을 내포하고 있다. 왜 그러한가? 민주주의 체제 하에서 (1) 시민들의 삶의 범위는 사회의 기본구조에 의해 결정되고,

24 Rawls, *Political Liberalism*, p. 214.

(2) 정치 권력은 언제나 강제적이기 때문이라고 한다.[25] 다시 말해, 사회 기본구조에 의해 행사되는 정치적 권력이 항상 강제적인 것이기 때문에 기본구조 역시 강제적인 구조일 수밖에 없고, 이로 인해 그러한 제도적 권력의 행사는 반드시 시민들에게 정당화되어야 한다는 것이다. 앞서 봤듯이, 롤즈의 이론적 체계 내에서 이러한 공적 정당화를 가능케 하는 가이드라인이 바로 공적 이성이다. 따라서 정치적 권력의 행사는 반드시 공적 이성의 가이드라인에 따라 이루어져야 하는 것이다.

공적 이성을 따르지 않은 채 하나의 정의관에 대한 지속적인 지지를 요구하게 되면 그것은 불가피하게 강제적 정치 권력 행사로 귀결될 수밖에 없다. 또 공적 이성에 의거해 합당한 정치적 정의관에 대한 지지를 유지하지 않을 경우, 사회는 "억압의 현실"에 빠지게 될 것이다. 이러한 생각이 "왜 공적 이성을 따라야 하는가?"와 "사회적 안정성에 별도의 형이상학적 가치를 부여하지 않고 그것을 정당화할 수 있는 근거를 제공할 수 있는가?"라는 물음에 대한 답변인 셈이다.

롤즈는 이를 바꾸어 말하여, 공적 이성을 따르지 않으면 자유민주주의 사회에서 정치적 정당성(legitimacy)을 확보할 수 없다고 표현하기도 한다. 그는 다음과 같은 자유주의적 정당성의 원칙(the liberal principle of legitimacy)을 제시한다. "우리의 정치권력 행사는 오로지 그것이 모든 시민들이 합당하고 합리적이라고 수용할 수 있는 원칙과 이상에 비추어 볼 때 합당하게 승인될 수 있을 것으로 기대되는 필수요소들을 포함한 헌법을

25 Rawls, *Political Liberalism*, p. 216.

따르는 경우에만 적절하고 정당화될 수 있다."[26]

자유주의적 정당성의 원칙은 정당한 강제의 필요조건으로서 모든 합당한 시민들의 수용 가능성을 제시한다. 이에 덧붙여서, 롤즈는 모든 합당한 시민들에 의해 수용되기 위해 권력을 행사하는 이가 항상 "다른 이들에게 왜 그들이 옹호하는 원칙과 정책들이 공적 이성의 정치적 가치를 지지하는 것인지에 대해 설명할 수 있어야 한다."라고 지적한다.[27] 또 그는 시민들이 언제나 "타인의 말을 경청할 자세와 언제 자신의 견해를 합당하게 조정해야 하는지를 결정함에 있어서 공정함"을 갖추어야 한다고 말한다.[28]

지금까지의 논의를 종합해 볼 때, 공적 이성에 대한 롤즈의 설명은 다음과 같은 애매성을 지닌다고 볼 수 있다: 공적 이성이 모든 합당한 시민들의 이성인가, 아니면 공적 이성의 가이드라인을 따르는 사람들이 합당한 시민인 것인가? 이는 보다 근본적으로 "합당한 시민"과 "합당한 신념" 간의 관계를 설정하는 문제와 관련이 있다. 합당한 시민이 옹호하는 신념이 합당한 신념인 것인가, 아니면 합당한 신념을 믿는 시민이 합당한 시민인 것인가? 정치적 정의관을 정당화하기 위해 형이상학적이거나 인식론적인 의미에서 참(진리)의 개념에 의존하지 않아도 된다고 주장하는 롤즈는 아마도 전자의 손을 들어주고자 할 것이다. 그렇게 *두꺼운* 진리 개념에 의존할 경우, 롤즈는 다른 도덕철학자들과 마찬가지로 자신의 정의관만이 옳고 다른 정의관들은 거짓이라고 주장함으로써 정치적 자유주의의 근본적

26 Rawls, *Political Liberalism*, p. 217.

27 Rawls, *Political Liberalism*, p. 217.

28 Rawls, *Political Liberalism*, p. 217.

주장에 모순이 되는 논지를 펼 수밖에 없기 때문이다.

하지만 많은 학자들이 이 지점을 파고들어 롤즈 역시도 정의관을 정당화함에 있어서 고유한 형이상학적, 도덕적, 그리고 철학적 전제 조건들에 의거할 수밖에 없다고 비판해 왔다.[29] 가령, (1) 어떤 정의관이 중첩적 합의를 통과했다는 사실 자체가 그것이 원천적으로 합의를 통과할 만한 보편적 타당성을 지닌 원칙이라는 점을 보장해줄 수 없으므로, 정치적 자유주의가 옹호하는 정의관이 타당한 것으로 간주되려면 별도로 그 정의관의 참을 가정해야 하지 않을까? (2) 또 공적 이성의 사용을 통한 정의관의 안정성 확보를 정당화해주는 자유주의적 정당성의 원칙 그 자체는 어떻게 정당화되는가? 자유민주주의 사회에서 모든 원칙들이 자유주의적 정당성의 원칙에 따라 모든 합당한 시민들의 허용가능성을 기준으로 삼아 확립된다면, 바로 그 자유주의적 정당성의 원칙은 모든 합당한 시민들에 의해 허용 가능한 원칙으로 간주될 수 있을까? 이때 결국 이 원칙의 허용 가능성을 결정하는 합당한 시민이 누구인지를 결정하기 위해 "합당한 시민"에 대한 별도의 형이상학적 가정이 필요한 것은 아닌가?

안타깝게도, 이러한 의문들 중 대다수는 롤즈 본인이 사망한 후에 제기되었다. 때문에 우리는 이러한 비판에 대해 롤즈가 어떻게 대처하는지 알아볼 수 없다. 하지만 지금도 정치적 자유주의의 옹호자들과 비판자들은 도처에 존재하며, 이들은 여전히 정치적 자유주의의 규범성과 실현

29 주목할 만한 비판은, Joseph Raz, "Facing Diversity: The Case of Epistemic Abstinence," *Philosophy & Public Affairs* 19(1): 1990, 3–46와 David Estlund, "The Insularity of the Reasonable: Why Political Liberalism Must Admit the Truth," *Ethics* 108(2): 1998, 252–75에서 제기되었다.

가능성에 대해 열띤 논쟁을 벌이고 있다.

정치적 자유주의는, 한마디로 정리하자면, 민주주의의 가치를 훼손하지 않는 수준에서 자유주의적 가치를 구현하려는 시도라고 할 수 있다. 즉, 기존의 형이상학적 자유주의자들과 달리 자유주의의 가치를 공적으로 정당화될 수 있는 수준에 국한하여, *자유주의로 민주주의를 굴복시킬 것이 아니라 길들여 보겠다는* 시도인 것이다. 과연 이 시도가 성공으로 끝날 것인가, 아니면 결국 실패하고 말 것인가? 그리고 이러한 이상이 실현되는 것은 바람직한 일일까? 이 책에 수록된 글들은 자유민주주의의 실제적인 각 영역에서 어떻게 존 롤즈가 제시한 정치적 자유주의의 이상이 구현되고 또 보존될 수 있는지를 논의한다. 즉, 이 책은 롤즈의 정치적 자유주의의 실현 가능성을 사변적 수준에서 머무르며 검토하지 않고, 실제 정치사회의 제 영역에서 롤즈의 정치적 자유주의를 구현할 수 있는 현실적 방안들에 대해 탐구한다. 저자들은 이러한 경험과학적 검토를 통해 "이성적 사고에 의거한 사회적 의사결정 참여는 누구나 동의하듯이 항상 보장 받아야 할 권리"라고 말하는 롤즈적 사고가 자유민주주의 사회의 존속에 도움이 되는 탈형이상학적 수준의 규칙 또는 가이드라인을 제시해 줄 수 있는지 살펴본다. 그동안의 자유주의적 논의가 이상론에 치우쳤던 데 반해, 저자들은 정치 현실 속에 녹아 있는 정치적 자유주의의 요소들을 찾아 자유민주주의의 가치를 지키기 위한 구체적인 전략과 방법들을 탐구한다. 이 과정에서 의도적으로 정치적 자유주의가 지닌 철학적 엄격성은 어느 정도 완화되며, 각 영역에 적용 가능한 수준으로 저자들에 의해 그 의미가 독창적으로 재해석된다. 때문에 이 책은 자유주의자를 회색분자, 이상론자, 그리고 이도저도 아닌 사람 등과 동일시해 온 한국 사회에 자유주의적 정책이 어떻게 구현될 수 있으며, 왜 그것이 중요한지에 대해 알리는 데에도 큰 도움이 되길 기대하는 바이다.

제1부에서는 자유민주주의를 실현할 수 있는 방법으로 "심의(deliberation)"하는 시민을 길러내는 것의 가능성을 탐구한다. 시민들이 타인에 의해 조작되지 않고 스스로 생각하여 의견을 개진하는 진정한 민주주의의 가능성은 요원하면서도 중요한 지향점으로서 강조된다. 제2부에서는 정치적 자유가 보장되지 않는 사회의 비효율성에 대해 다룬다. 자유무역이 보호 무역보다 더 많은 부를 창출한다는 것은 애덤 스미스 이래로 모든 경제학자들이 공리로서 받아들이는 명제이다. 그럼에도 불구하고 현재까지도 많은 국가들이 보호주의를 채택하는 것은 정치적 이해관계 때문이다. 소수의 기업과 이익집단에 의해 정치가 좌우됨으로써 시민들의 정치적 자유가 보장되기 어려운 권위주의 국가일수록 보호무역으로 기울게 된다는 것이 제2부의 논의를 통해 드러난다. 마지막 제3부에서는 자유민주주의 국가가 그에 대항하는 권위주의 독재 국가와의 적대적 관계에서 자유민주주의라는 체제 자체를 보존하기 위해 어떤 전략을 취하는 것이 바람직한지를 다룬다. 여기서 특히 주목하는 것은 외교를 통해 상대방이 나의 의도를 내가 원하는 방향으로 해석하게끔 하는 전략이다. 이 논의에는, 값비싼 비용을 지불하지 않고도 상대방을 조작하여 협상에서 우위를 점하는 전략을 인식하고 있는 지도자는 시민들의 자유를 본질적으로 억압할 수밖에 없는 불필요한 전쟁 상태로 자유민주주의 국가를 끌고 갈 확률이 낮을 것이라는 기대가 담겨 있다. 정치적 자유를 위시하여 개인의 자유를 가장 잘 보호할 수 있는 자유민주주의 사회를 구현하고 보존하는 방안에 대해 전공이 각기 다른 학생들이 자신의 분야에서 내놓은 해답들을 곰곰히 따져보면서 자유민주주의의 안과 밖의 구조를 체계적으로 조망해 보는 것은 매우 흥미로운 일이 될 것이다.

제1부

원탁과 광장: 머츠의 이론으로 본 심의와 참여의 양립 가능성

김동환, 송인재, 이태운

1. 심의 민주주의 이해하기: 문제인식

많은 정치 이론가들은 자유주의와 민주주의 간의 긴장관계를 다양한 방식으로 이해해왔다. 예를 들어, 앞 장에서 언급된 바와 같이, 롤즈는 서로 다른 다양한 철학적, 종교적, 도덕적 관점에 의해 구성된 시민들의 삶이 합리적으로 다른 "합당한 다원주의의 현실(the fact of reasonable pluralism)" 속에서도 "중첩적 합의(overlapping consensus)"와 "공적 이성(public reason)"을 통해 모든 시민들이 동의할 수 있는 정의의 원칙이 제시되고, 안정적으로 운영될 수 있다고 주장한다. 특정한 정의의 원칙이 사회 전체에 적용되어 운영되지만, 이러한 원칙은 강요나 억압이 아닌 민주적 시민들의 동의와 공적 이성에 의해 정당성을 지닌다는 것이다.

코헨(Joshua Cohen)은 롤즈가 제시하는 정의의 원칙인 "공정성으로서의 정의관(justice as fairness)"이 자유주의 사상일 뿐만 아니라 민주주의

사상이기도 하다고 주장한다.[1] 이렇게 이해할 때, 롤즈의 사상 내에서 자유주의와 민주주의는 모순 없이 상보적인 역할을 한다. 코헨은 이론적으로 자유주의에서 중시하는 기본적 권리를 분배하는 정치적 권리가 시민들에게 동등하게 주어져야 하고, 이러한 동등한 정치적 참여가 실천적으로 민주적 심의를 통해 이루어져야 한다고 본다. 즉, 시민들이 심의를 통해 적극적인 정치적 참여를 할 것을 요구하는 것이다. 이때 시민들의 참여와 심의간 모순은 발생하지 않는다.

심의를 정치적 참여를 위한 수단으로 이해하는 주장은 다른 정치 이론가에서도 찾아볼 수 있다. 예를 들어 페이트만(Carole Pateman)은 심의가 실질적으로 참여의 하위집합일 때 두 이론은 공존 가능하고, 심의 민주주의자들이 진정한 참여를 결여한 채로 심의를 개념화하는 한 두 이론은 공존 불가능하다고 주장한다.[2] 심의를 하는 사람들이 실질적으로 정책결정에 참여할 수 있을 때 심의는 의미를 지닌다는 것이다. 또한 페이트만에 따르면 대부분의 심의 민주주의 이론은 유사(pseudo) 참여이거나 기껏해야 부분적인(partial) 참여에 불과하다. 직장에서는 이미 경영진이 해온 결정을 직원들이 받아들이도록 설득되어 의사결정에서의 참여가 이루어질 곳이 없다는 점에서 유사 참여이고, 둘 혹은 그 이상의 정당이 의사결정에 영향을 주지만 결정에 영향을 미치는 최종적 권력은 한 정당만이 가지

---

1 Joshua Cohen, "For a Democratic Society," in Samuel Freeman (ed.), *The Cambridge Companion to Rawls* (Cambridge and New York: Cambridge University Press, 2003), pp. 86–138.

2 Carole Pateman, "Participatory Democracy Revisited," *Perspective on Politics* 10(1): 2012, 7–19. Ben Berger, "The Accidental Theorist: Diana Mutz's Normative and Em pirical Insights," *Critical Review* 25(2): 2013, 181–98에서 재인용.

기 때문에 부분적 참여라는 것이다.[3] 이러한 관점에서 심의는 궁극적으로 시민들이 일상 및 정치적 의사결정에서의 참여를 증대시키는 데 필요하다는 방식으로 이해된다.

그런데 모든 사회과학 이론은 궁극적으로 사회를 살아가는 우리에게 도움이 되어야 한다. 만약 어떤 이론의 여러 가정이 논리적으로 모순되어 무엇을 주장하는지 자체를 알 수 없거나, 이론이 현실을 과도하게 단순화하여 설명 또는 예측을 잘 해내지 못한다면 이론의 유용성은 낮을 것이다. 이 글에서 초점을 맞추려는 부분은 심의 민주주의 이론의 검증이다. 코헨과 페이트만의 이론이 논리적으로 타당하더라도, 이들의 이론이 현실에 어떻게 적용될 수 있는지 검증하지 못하거나 정치적 판단을 내리는 데 도움이 되지 못한다면 이상적이기만 하다는 비판을 피하기 어려울 것이다. 따라서 그들이 제시한 참여와 심의가 어떤 방식으로 현실에서 구현될 수 있는지, 현실에서 어떤 함의를 지니는지 살펴볼 필요가 있겠다.

다이애나 머츠(Diana C. Mutz)는 심의 민주주의가 현실에서 어떻게 구현되고 있는지에 대해 경험적 연구를 해왔다. 머츠에 따르면, 참여와 심의가 모순 없이 하나의 민주주의 이론에서 공존하는 것으로 이해하는 이론가들의 주장과 달리 참여 민주주의 이론과 심의 민주주의 이론은 근본적으로 양립 불가능하다. 현실에서 정치적 참여는 개인의 인간관계가 자신과 정치에 관한 생각이 비슷한 사람들로 구성되어 있을 때 활발한

3 Carole Pateman, *Participation and Democratic Theory* (Cambridge: Cambridge University Press, 1970). Ben Berger, "The Accidental Theorist: Diana Mutz's Normative and Empirical Insights," *Critical Review* 25(2): 2013, 181–98에서 재인용.

반면, 정치적 심의는 생각이 다른 사람들로 구성되어 있을 때 활발하기 때문이다. 주변 사람들의 정치적 의견은 한 개인의 의견과 동질적인 동시에 이질적일 수는 없으므로 참여와 심의는 공존하기 어렵다.

머츠는 참여와 심의 중에서 후자를 택한다. 생각이 다른 사람들과 토론할 때 같은 사람들과 토론할 때에 비해 인위적으로 노력해야 하고, 심의의 이익이 참여의 이익보다 크며, 심의를 통해 참여와 심의 간 긴장관계를 해소할 수 있기 때문이다. 따라서 머츠가 보는 생각이 다른 수 많은 사람들로 이루어진 현대 사회에 적합한 시민은 정치적 견해가 다를지라도 귀 기울일 수 있는 사람이라 할 수 있다.

이 글은 심의 민주주의를 머츠의 이론 중심으로 이해하고, 비판적으로 검증한 후, 결과적으로 심의 민주주의를 현실에서 어떻게 이해할 수 있을지 알아보는 것을 목적으로 한다. 구체적으로 2절에서는 머츠가 심의 민주주의를 검증하기 위해 필요한 개념이 어떻게 조작적으로 정의되었는지 알아본다. 3절에서는 심의가 발생하는 조건은 참여가 발생하는 조건과 배치됨을 알아보고, 왜 심의가 참여를 감소시키는지 두 가지 메커니즘을 통해 설명한다. 또한 이러한 논의를 사회 네트워크 속에서 어떻게 이해할 수 있는지 보다 비판적으로 검토한다. 4절에서는 이상적 조건에서의 심의를 배제하고, 실제로 심의가 정치적 관용을 증가시킨다는 점을 보인다. 그러나 정치적 입장의 공고한지 여부는 정치적 관용 증가와 상관이 없는 반면, 관점 수용 능력이 낮은 사람은 심의를 통해서도 정치적 관용이 증가하지 않음을 보여 심의의 이점이 상대적으로 제한됨을 구체화 한다. 마지막 절에서는 지금까지 비판적으로 분석한 심의 민주주의를 재검토 한다. 머츠의 결론을 소개하고, 머츠의 조작적 정의에 포함되지 않은 요소 중 현실에서의 심의에 영향을 주는 요소와 머츠의 모델에서 다루어지지 않은 부분,

머츠의 결론을 받아들이더라도 현실에 적용되기 어려운 부분을 각각 알아본다. 이후 심의의 현실적 한계를 조명한 후 끝을 맺는다.

2. 심의 민주주의 검증하기: 현실에서 심의와 참여는 양립 불가능한가?

머츠는 다음과 같은 주장을 한다. 참여 민주주의 이론(theories of participatory democracy)[4]과 심의 민주주의 이론(theories of deliberative democracy)[5]은 근본적으로 양립 불가능하다.[6]

---

4 참여 민주주의는 정치제도에서 유권자의 참여를 강조하는 이론으로, 집단의 모든 구성원이 의사결정을 할 때 의미 있는 결정을 할 수 있도록 하는 것을 목적으로 한다. 민주주의는 그리스어 어원 상 "민중(demos)에 의한 통치(kratos)"로, 모든 사람이 권력을 공유한다는 점에서 모든 민주주의는 원칙상 참여적이다. 그러나 많은 현대 국가들은 현실적 제약으로 인해 개인의 권한을 정치적 대표자가 대표해 통치하는 대의제적 민주주의를 통해 국가정부를 운영한다. 이러한 상황에서 일반 시민들의 정치참여를 높이기 위해 다양한 전략을 고안해내고자 하는 것이 참여 민주주의 이론의 목적이다. 이 관점을 논한 대표작은 다음과 같다. Benjamin R. Barber, *Strong Democracy: Participatory Politics for a New Age*, 20th Anniversary Ed. (Berkeley: University of California Press, 2004); Carole Pateman, *Participation and Democratic Theory* (Cambridge: Cambridge University Press, 1970).

5 심의(deliberation)가 의사결정의 중심이 되는 민주주의 형태로, 숙의 민주주의라 부르기도 한다. 심의 민주주의의 옹호자들은 인간 이성을 사용한 대화와 담론을 통해 이상적인 정치적 합의에 도달할 수 있다고 생각한다. 이 관점에 대한 주요 저술들은 다음과 같다. Amy Gutmann and Dennis Thompson, *Democracy and Disagreement* (Cambridge: The Belknap Press of Harvard University Press, 1996); James S. Fishkin, *Democracy and Deliberation: New Directions for Democratic Reform* (New Haven: Yale University Press, 1991); James S. Fishkin and Peter Laslett (eds.), *Debating Deliberative Democracy* (Malden: Blackwell, 2003); Jon Elster (ed.), *Deliberative Democracy* (Cambridge and New York: Cambridge University Press, 1998); Joshua Cohen, *Philosophy, Politics, Democracy: Selected Essays* (Cambridge and London: Harvard

시민사회를 이해하는 여러 관점에서는 참여 민주주의와 심의 민주주의가 같은 목적을 공유한다고 본다. 그러나 머츠는 정치적 참여가 활발한 문화이면서 심의가 활발한 문화일 수는 없다는 의문을 제기한다. 정치적 차이를 넘어서는 면대면 토론은 대부분의 심의 민주주의 이론의 핵심적 요소라 할 수 있다. 그러나 하버마스(Jürgen Habermas)의 "이상적 담화 상황(ideal speech situation)"과 같은 심의는 자연적으로 발생하는 사회적 맥락에서는 실현되기 어렵다.[7] 머츠가 정리한 심의 민주주의의 이상적 특징은 다음과 같다.[8]

① 정치적 토론은 상대방을 상호 존중하는 맥락에서 합당하고 신중하게 구성되고 도덕적으로 정당한 의견을 개진하는 동등한 지위의 시민들 사이에서 이루어져야 한다.[9]
② 토론에서는 누구도 배제되어서는 안 되고, 모두에게 자유롭고 평등한 기회가 주어져야 한다.[10]

University Press, 2009); Jürgen Habermas, *Between Facts and Norms: Contributions to a Discourse Theory of Law and Democracy*, trans. William Rehg (Cambridge: MIT Press, 1996).

6 Diana C. Mutz, *Hearing the Other Side: Deliberative versus Participatory Democracy* (Cambridge: Cambridge University Press, 2006), p. 2.

7 이에 대해서는 Jürgen Habermas, *The Structural Transformation of the Public Sphere: An Inquiry into a Category of Bourgeois Society*, trans. Thomas Burger (Cambridge: MIT Press, 1989); Lynn M. Sanders, "Against Deliberation," *Political Theory* 25(3): 1997, 347–76를 참조하라.

8 Mutz, *Hearing the Other Side*, p. 4.

9 Gutmann and Thompson, *Democracy and Disagreement*.

10 Habermas, *Structural Transformation*.

③ 자신의 합리적 이익 추구를 목적으로 정보 상 우위 등을 이용해 상대방의 행위를 조작하려는 전략적 행위는 금지된다.

④ 모든 참가자는 소득이나 교육의 부족과 같은 참여를 방해하는 물질적 결핍으로부터 자유로워야 한다.[11]

⑤ 심의 절차는 궁극적으로 합의(consensus)로 이어져야 한다.[12]

그러나 이러한 특징은 현실에 존재하지 않고, 따라서 심의 민주주의를 검증하는 것도 불가능하다. 이에 머츠는 다양한 심의의 정의에 필수적으로 포함되는 조건이면서, 검증이 가능하도록 심의를 "사람들이 정치적인 대화를 할 때 정치적 관점이 반대인 사람에 노출되는 것(people be exposed to oppositional political perspectives through political talk)"으로 조작적 정의한다. 이후 그 정도를 측정하기 위해 "교차노출(cross-cutting exposure)" 또는 "다양한 정치적 네트워크(diverse political networks)"라는 용어를 사용한다. 이러한 조작적 정의를 통해 머츠는 공개토론(public forum)이나 공론조사(deliberative poll)[13]와 같이 잘 조직되고

---

11 Bruce Ackerman and James S. Fishkin, *Deliberation Day* (New Haven: Yale University Press, 2004); Fishkin, *Democracy and Deliberation*; James S. Fishkin, *The Voice of the People: Public Opinion and Democracy* (New Haven: Yale University Press, 1996).

12 마세도에 따르면 심의의 정의에는 여러 가지가 있다. Stephen Macedo, *Deliberative Politics: Essays on Democracy and Disagreement* (Oxford and New York: Oxford University Press, 1999). 그러나 샌더스가 지적한 것과 같이 대부분의 정의는 많은 공통점이 있다. Sanders, "Against Deliberation."

13 공론조사는 일반 시민의 여론(public opinion)과 공적 심의(public deliberation)를 모두 충족시키기 위해 일반 시민중에서 임의로 표본추출을 해 토론 대상자를 선정하고, 이들로 하여금 심

계획된 심의를 연구하려는 것이 아니라, 다수의 사람들과 이슈에 일반적으로 적용되는 심의를 알아보려 한다.

이때 머츠가 조작적으로 정의한 심의가 기존의 심의 민주주의 이론에서 다루는 심의의 핵심을 전부 다루었다고 볼 수는 없다. 예를 들어 여러 사전에 제시된 "심의"의 정의를 보면 "신중함(carefulness)"이 중요한 요소임을 확인할 수 있다.[14] 만약 심의를 사전적 의미로만 이해한다면 머츠의 조작적 정의는 심의라고 보기 어려울 것이다. 그러나 머츠는 신중함이 심의의 핵심 요소가 아니라고 한 것이 아니라, 심의의 핵심 요소 중 하나인 교차노출을 조작적으로 정의하는 것이 상대적으로 용이하기 때문에 연구대상으로 삼은 것이다. 오히려 심의의 핵심 요소 중 하나인 교차노출만으로 심의 민주주의 이론이 참여 민주주의 이론과 근본적으로 양립 불가능함을 보인다는 점에서 더 나은 연구설계라 할 수 있다. 만약 신중함을 조작

의를 하도록 한 정치기법이다. 만약 시민들이 어떤 사안에 대해 충분한 정보를 얻을 수 있으면 어떤 의견을 가질 것인지를 파악하기 위해 고안되었다. Deliberative Poll은 '숙의조사', '심의조사' 등으로도 번역이 가능하지만 이 글에서는 김원용 전 이화여대 교수를 따라 '공론조사'로 번역했다. "'공론조사 창시자' 피시킨 교수 단독 인터뷰," 〈주간조선〉, 2017.08.20, http://news.chosun.com/site/data/html_dir/2017/08/18/2017081801803.html (검색일-2018.11.07)

14 The process of carefully considering or discussing something," "The quality of being slow and careful in what you say or do." Oxford Advanced Learner's Dictionary. https://www.oxfordlearnersdictionaries.com/definition/english/deliberation?q=deliberation
"Considering or discussing something," "a careful way of doing something." Cambridge Dictionary. https://dictionary.cambridge.org/dictionary/english/deliberation
"The act of thinking about or discussing something and deciding carefully." Merriam-Webster Dictionary. https://www.merriam-webster.com/dictionary/deliberation
"Careful consideration or discuss of something." Longman Dictionary of contemporary English. https://www.ldoceonline.com/dictionary/deliberation

적으로 정의해 검증하고자 했다면, 이는 정성적(qualitative) 요소이기 때문에 독립변수와 종속변수로 구성된 가설로 구체화하는 것이 쉽지 않을 뿐더러, 가설 검증을 하더라도 그 결과가 머츠가 주장하고자 하는 대로 참여 민주주의를 저해하는 요소인지를 추가적으로 파악해야 했을 것이다.

그렇다면 교차노출, 혹은 정치적으로 다양한 네트워크라는 용어는 어떻게 사용되는가? 내 주변에 정치적 관점이 다양한 사람이 많다는 의미인가? 그렇다면 내 주변의 범위는 어디까지인가? 직접 대화를 나누는 사람인가? 지인의 지인까지를 포함하는가? 같은 동네에 거주하는 사람들은 주변이라 할 수 있는가? 주변을 내가 대화를 나누는 사람이라 보는 것과, 같은 동네에 거주하는 사람까지를 포함하는 것은 다르다. 예를 들어 내가 여권 성향이 강한 A 지역에 살고있다고 하더라도, 내가 대화를 나누는 사람들은 모두 야당을 지지할 수 있다. 즉, 내가 마주치는 사람들 중에 여당을 지지하는 사람이 많을 수 있지만, 야당을 지지하는 사람들과만 대화하고 있을 수도 있다. 따라서 머츠는 이 둘을 구분하기 위해 다음과 같이 용어를 정의한다.[15]

- 네트워크(network): 직접 일대일로 소통하는 사람들로 구성된 사회적 관계(refer specifically to the people with whom a given person communicates on a direct, one-to-one basis). 네트워크 구성원은 어떤 사람의 의사소통 환경을 구성하는 부분이다.
- 맥락(context): 연구자들에게 분명하게 전체적인 형태로 알려져 있고 개

15 Mutz, *Hearing the Other Side*, p. 10.

인에게는 단편적인 형태로만 알려져 있는 특징을 가진 큰 실체(entities, 이웃, 직장, 도시 등)(refer to larger entities (neighborhoods, workplaces, cities, etc.) whose characteristics are typically known to the researcher strictly in aggregate form and are known to the individual only in piecemeal form).

두 정의에 의하면 사람마다 속한 맥락은 각기 다르고, 다양할 수 있지만, 실질적인 관계는 개인의 네트워크에서 이루어진다. 머츠의 목적은 참여 민주주의 이론과 심의 민주주의 이론의 양립가능성을 현실적 수준에서 검증하는 것이고, 이를 위해 심의를 "정치적 대화에서 반대되는 정치적 관점에 노출되는 것"으로 정의했기 때문에, 주요 관심사는 사람들의 네트워크가 생각이 비슷한 상대방과 생각이 다른 사람들을 얼마나 포함하고 있는지 알아보는 것이다. 이때 의견의 차이는 정치적 영역으로만 한정된다. 예를 들어 내가 A라는 사람과 직장이라는 같은 맥락에 속해 있고, 그 사람과 직장 내 승진 제도에 대한 의견이 같더라도 정치적 관점이 다르면 나와 A는 의견이 다른 네트워크 구성원이다. 반대로 내가 B라는 사람과 학교라는 맥락에 속해 있고, 그 사람과는 가치 있는 학교 생활이 무엇인지에 대한 의견이 다르더라도 정치적 관점이 동일하다면 나와 B는 의견이 같은 네트워크 구성원이다.

그렇다면 네트워크가 어떻게 구성되어 있는지를 파악하기 위해 정치적 다양성(diversity), 동질성(homogeneity), 이질성(heterogeneity) 개념을 명확히 해야 할 필요성이 생긴다.[16] 사람들은 얼마나 다양한 의견을 접하고 있는지, 어떤 네트워크 구성원들과 주로 생각이 비슷하고, 다른지를 파악하기 위함이다. 정치적 다양성은 개인의 실제 삶에서 자신과 다른 의견을 얼마나 접하고 있는가를 기준으로 한다. 이때 사회에서 개인들의 경험이 각기 다양한 것과 사회 전체에 다양한 정치적 관점이 있는 것은 다르다. 왜냐하면 사회 전체에 극단적으로 정치적 관점이 다른 사람들이 있더라도 개인은 그들과 접촉하지 않을 수 있기 때문이다. 만약 사회 내에 다양한 정치적 관점이 존재한다고 해도 나는 나와 정치적 관점이 비슷한 사람들만 접촉한다면 나의 정치적 다양성은 낮다고 할 수 있다. 이러한 점을 감안하여 머츠는 기존에 개인이 가지고 있는 정치적 믿음이 정치적 네트워크에서 강화되면 동질적이라는 용어를 사용하고, 기존에 개인이 가지고 있는 정치적 믿음이 정치적 네트워크에서 도전 받으면 이질적이라는 용어를 사용 한다. 다음 절에서는 이러한 용어를 통해 참여와 심의가 각각 어떤 성질의 네트워크에서 나타나는지, 어떤 메커니즘에 의해 참여와 심의가 양립 불가능한지 설명할 것이다. 또한 이러한 논의를 사회 네트워크 속에서 어떻게 이해할 수 있는지 보다 비판적으로 검토할 것이다.

3. 참여와 심의, 함께할 수 있을까?

(1) 참여와 심의, 그리고 네트워크

앞에서 언급한 바와 같이 정치적 참여와 심의는 결국 사람과 사람 사이, 즉, 네트워크 내에서 일어난다. 그런데 이처럼 네트워크에 초점을 맞춰 참여와 심의를 분석하면, 참여와 심의가 공존하기 어렵다는 사실이 드러

16 Mutz, *Hearing the Other Side*, pp. 12–3.

난다. 참여가 활발한 네트워크와 심의에 적합한 네트워크는 다르기 때문이다. 참여는 동질적 네트워크에 기초한다. 높은 동질성은 적극적인 정치 참여의 밑거름이다. 비슷한 사람들끼리 모이면 유대감과 친밀감이 깊어지고 조직화된 행동이 용이하다. 또한 서로의 신념을 지지하고 정치적 목표를 향해 함께 나아간다. 따라서 정치에 몰입하고 활발한 정치 문화를 일군다. 민주화 운동, 인권 운동처럼 인류의 역사를 바꾼 여러 정치 운동들은 동질적인 정치 네트워크에 기반했다.[17] 이들 조직이나 네트워크에서는 뜻이 맞지 않는 이들이 많아지면 동질적인 이들끼리 조직을 분리하는 등의 조치를 통해 네트워크 동질성을 유지했다.

그러나 동질적 네트워크에서는 심의가 일어나기 힘들다. 심의를 위해서는 새로운 견해를 접하고 그 타당성을 따져보며 때로 자신의 의견을 수정할 수 있어야 하기 때문이다. 즉, 교차노출이 필요하다. 그러나 같은 의견을 가진 사람들끼리만 토론하고 활동하면 이와 같은 합리적 비판과 반성을 할 수 없다. 게다가 동질적 네트워크에서는 점점 지배적인 의견이 극단화되어 다양성과 심의가 살아남기 어려운 환경이 된다. 왜 동질적 네트워크에서 극단화가 발생할까? 그 이유는 다음과 같다.

첫째, 동질적인 이들끼리 교류하면 정보를 편향적으로 습득한다. 자신들의 견해에 부합하지 않는 정보는 사실이 아니거나 옳지 않은 것으로 여겨 받아들이지 않는 것이다. 이를 확증 편향(confirmation bias)이라 한

---

17 Doug McAdam, *Political Process and the Development of Black Insurgency* (Chicago: University of Chicago Press, 1982), p. 51.

다. 확증 편향은 인간이라면 누구나 가지고 있지만, 동질적 네트워크에서는 편향에 제동을 걸어줄 사람이 없어 그 정도가 심해진다.[18] 둘째, 극단적인 의견이 수용될 가능성이 높다. 다양한 견해를 가진 사람이 공존하면 극단주의자는 주류가 되기 어렵다. 극단주의자와 의견이 다른 반대파나 중도파가 극단적인 의견에 비판을 가하거나 제동을 걸 수 있다. 그러나 동질적 네트워크에서는 극단주의자의 견해가 비교적 수용되기 쉽다. 네트워크의 구성원이 기본적인 가치관이나 사고방식을 공유하기 때문이다. 셋째, 이에 따라 극단화에 거부감을 느끼는 이들이 네트워크를 떠나 동질성과 극단성이 더욱 증가한다. 이처럼 동질적 네트워크는 극단화되는 경향이 있어 교차노출과 심의가 발생하기 더욱 힘들어진다.[19]

반면 심의는 이질적 네트워크에 기반한다. 이질적 네트워크에서는 다양한 의견을 가진 사람들이 서로의 입장을 검증하고 비판하며 합리적인 의사소통이 가능하다. 그러나 이질적 네트워크는 정치 참여를 저해한다. 머츠가 연구의 중점을 둔 곳이 바로 이 부분이다. 머츠는 이질적 네트워크가 정치 참여를 막는 메커니즘을 두 가지로 설명한다.

첫째, 교차노출은 "양가성(ambivalence)"을 야기한다. 자신의 기존 의견과 상반되는 견해에 노출되면 자신이 옳다는 확신이 약화된다. 상대방의 의견에 나름의 논리와 근거가 있음을 발견하고, 자신의 생각에 약점이

---

18 Cass R. Sunstein, *Going to Extremes: How Like Minds Unite and Divide* (Oxford: Oxford University Press, 2009).

19 Cass R. Sunstein, *Why Societies Need Dissent* (Cambridge, MA: Harvard University Press, 2003).

있다는 것을 알게 된다. 그래서 교차노출을 겪은 이들은 적극적인 정치 참여를 주저한다. 양가성은 "내면적 갈등(intrapersonal conflict)"라고도 한다. 이는 개인 내면에서 여러 상반되는 견해와 가치관이 충돌한다는 것을 의미한다.[20]

둘째, 교차노출은 "사회적 책임(social accountability)"을 느끼도록 한다. 사회적 책임은 타인과의 관계를 유지하고 "사회적 조화"를 추구하는 것을 뜻한다. 사람은 자신의 정치적 의견을 표명하고 그에 따라 적극적으로 행동하는 것뿐만 아니라, 인간관계 또한 중시한다. 따라서 자신의 정치적 발언이나 행동이 타인의 기분을 상하게 하거나 그와의 관계를 손상할 수 있음을 걱정해 정치적 참여를 삼간다. 사회적 책임은 일종의 "눈치 보기"와 유사하다. 사회적 책임은 양가성과 달리 내면에 국한된 것이 아니라 개인 외부에 있는 타인과의 관계에 대한 인식을 포함한다. 그래서 사회적 책임을 "대인 관계에 관한 사회적 책임(interpersonal social accountability)"이라고도 한다.[21]

결국 참여와 심의는 양립하기 어렵다. 참여에 이로운 환경은 심의를 방해하고, 심의를 촉진하는 환경은 참여를 저해한다.

(2) 교차노출과 사회 연결망

머츠는 교차노출이 참여를 저해하는 메커니즘을 집중적으로 다루며 참여와 심의가 왜 양립할 수 없는지 보여준다. 물론 교차노출의 효과에 대

20 Mutz, *Hearing the Other Side*, p. 102.

21 Mutz, *Hearing the Other Side*, p. 106.

한 그녀의 분석은 탁월하지만, 그녀는 교차노출이 일어나는 네트워크의 종류가 그 효과의 크기에 영향을 미칠 수 있다는 점을 간과한다.

사람 간의 관계를 유대(tie)라 부른다. 유대는 강한 유대(strong tie)와 약한 유대(weak tie)로 나뉜다. 전자는 보통 친밀하고 자주 만나는 관계를, 후자는 그렇지 않은 관계를 의미한다. 유대의 강도(strength)는 함께 보내는 시간, 감정적 강도, 친밀함, 호혜적 서비스 등으로 측정한다. 강한 유대와 약한 유대의 구별은 상대적이다. 즉, 우리 주변의 연결망이 어떠한 절대적인 기준에 따라 강한 유대와 약한 유대로 구별된다기보다는, A 연결망이 B 연결망에 비해 강하다는 식이다. 따라서 연구에 따라 유대의 강도를 측정하는 기준은 조금씩 달라지기도 한다.

교차노출은 네트워크에서 일어난다. 그렇다면 네트워크, 즉, 유대의 종류와 교차노출의 발생 여부에 따라 4가지 조합이 가능하다. 첫째, 강한 유대에서 자신과 비슷한 의견을 접할 수 있다. 둘째, 약한 유대에서 비슷한 의견을 접할 수 있다(동질성). 셋째, 강한 유대에서 교차노출을 겪을 수 있다. 넷째, 약한 유대에서 교차노출을 겪을 수 있다(이질성). 머츠가 주목한 것은 교차노출이므로, 셋째와 넷째 상황에 주목해보자. 이 둘은 교차노출이 발생한 배경이 다르므로 분명 구분을 해야 마땅하다. 그러나 머츠는 이 둘을 구분하지 않는다. 다시 말해, 교차노출은 강한 유대에서도, 약한 유대에서도 일어날 수 있으나, 머츠는 네트워크의 종류를 구별하지 않는 것이다.

머츠가 두 상황을 나누지 않은 것은 셋째 상황이 잘 일어나지 않는다고 보았기 때문이다. 즉, 머츠는 교차노출 메커니즘을 분석할 때 아마도 약한 유대 상황을 가정했을 것이다. 실제로 강한 유대에서는 교차노출이 발생하기 어렵다. 강한 유대와 네트워크 동질성은 자기유지적(self-sustaining)이기 때문이다. 강한 유대는 동질성을 야기하고, 반대로 동질성 역시 강한 유대를 야기한다. 먼저, 강한 유대가 동질성을 야기하는 이유는 다음과 같다. 첫째, 함께 보내는 시간이 많아 같은 경험을 공유하기 마련이다. 이에 따라 비슷한 감정과 의견을 나누며 서로를 이해하고 사고방식이 비슷해진다. 둘째, 정보가 중첩된다. 강한 유대에서는 한 명이 가진 정보를 다른 사람도 알고 있는 경우가 많다. 서로가 가진 정보를 쉽게 나누기 때문이다.[22] 예를 들어 한 학생이 집회에 나갔다가 좌파 정당 집회 참여자들에 의해 폭력을 당했다고 가정해보자. 이 사실을 그의 가장 친한 친구는 알고 있지만 또 다른 친밀한 친구가 모르고 있기는 어렵다. 서로 알고 있는 정보가 겹친다고 해서 반드시 정치적 신념이 유사해지는 것은 아니다. 그러나 서로 같은 것을 보고 듣는 이들은 그렇지 않은 이들보다는 비슷한 이념을 형성할 가능성이 높다. 이념과 사고방식도 결국 삶의 경험에 뿌리내리고 있기 때문이다. 이처럼 강한 유대는 네트워크의 동질성을 높인다. 실제로, 머츠가 분석한 스펜서 조사(Spencer Foundation Survey)에 따르면 지인, 친구, 친한 친구, 가족 순으로 관계가 친밀할수록 동질성이 증가하고 교차노출이 감소한다.[23]

거꾸로, 동질성은 강한 유대를 낳는다. 동질적인 이들끼리 어울리면 편안함을 느끼고 더 자주 만나 친밀도가 증가한다. 시민단체 회원들이 끈끈한 유대를 나누는 경우가 이에 해당한다. 처음에는 단지 이념과 추구하

---

22 Mark Granovetter, "The Strength of Weak Ties: A Network Theory Revisited," *The American Journal of Sociology* 78(6): 1973, 201–33.

23 Mutz, *Hearing the Other Side*, p. 27.

는 바가 같아 함께 활동하지만, 시간이 지남에 따라 정서적 친밀감이 형성되는 것이다. 머츠는 교차노출이 정치적 관용을 증가시키는 메커니즘 중 하나로 “정서적 메커니즘(affective mechanism)”을 제시한다.[24] 최소한 자신과 반대되는 사람을 직접 만나 교류하면 그들이 자신이 상상했던 것만큼 나쁜 사람들이 아니라는 사실을 깨닫게 된다는 것이다. 그러나 이러한 정서적 친밀함은 애초에 비슷한 정치적 견해를 지닌 사람들끼리는 더 쉽게 생겨날 것이다. 예를 들어 공화당원은 민주당 지지자보다는 다른 공화당 지지자에게 정서적 친밀함을 느끼기 쉬울 것이다.

그런데 강한 유대에서 교차노출이 일어나면 약한 유대에서보다 정치적 참여에 미치는 부정적 영향이 훨씬 클 것이다. 왜냐하면 강한 유대가 약한 유대에 비해 양가성과 사회적 책임에 미치는 영향이 크기 때문이다. 그 이유는 구체적으로 다음과 같다.

첫째, 친밀한 사람은 중요한 타자(significant others)일 가능성이 높다. 중요한 타자는 개인의 정치 성향이나 가치관에 큰 영향을 미친다.[25] 따라서 이들은 약한 유대로 맺어진 사람에 비해 양가성을 더 야기할 것이다. 예를 들어 극우파 정당을 지지하는 한 학생이 자신의 절친한 친구가 좌파 정책에 찬성한다는 것을 알게 되었을 때와 서로 이름만 알고지내는 학생이 좌파 정책에 찬성한다는 것을 알게 되었을 때 느끼는 양가성은 천지

---

24 Mutz, *Hearing the Other Side*, p. 68.

25 Charles Taylor, *Multiculturalism and the Politics of Recognition: An Essay by Charles Taylor* (Princeton: Princeton University Press, 1992), p. 33.

차이다. 전자가 후자보다 훨씬 양가성을 높일 것이다. 별로 가깝지 않은 다른 학생의 의견은 틀린 의견이라고 무시해버릴 수 있지만, 절친한 친구의 의견에 대해서는 쉽게 그렇게 하기 어렵다. 혹시 자신의 생각에 논리적 결함이 있는 것이 아닌지, 지금까지 잘못 생각해왔었는지 고민하며 내면적 갈등과 혼란이 발생할 가능성이 높다. 이처럼 자신과 반대되는 견해를 가진 사람이 자신과 어떤 관계를 맺고 있는가는 양가성에 큰 영향을 준다. 강한 유대 관계로 맺어진 사람을 통해 교차노출을 경험하면 정치 참여가 훨씬 큰 폭으로 감소할 것이다.

둘째, 친밀한 사람을 통한 교차노출은 사회적 책임감도 많이 증가시킨다. 위의 예시에서 학생이 우파 집회에 참여할지 고민하는 중이라고 가정해보자. 그가 제일 먼저 우려하는 사람은 가장 친한 친구일 것이다. 친구가 자신의 행동에 실망할지도 모르고, 어쩌면 그와 격렬한 말다툼을 하게 될 수도 있다. 절친한 친구와의 관계에 문제가 생김으로써 발생할 수 있는 심리적 부담은 상당히 막중하다. 반면, 이름만 알고지내는 학생과의 관계를 걱정할 가능성은 매우 낮다. 자주 만나지 않을뿐더러 친하지도 않기 때문에 그 학생이 자신이 집회에 참여했다는 것을 알게 되어 불편함을 느끼거나 자신을 안 좋게 생각한다고 한들, 발생하는 심리적 부담은 비교적 적거나 아예 없을 수도 있다. 이처럼 사회적 책임감도 개인이 그 책임감을 어떤 사람들에게 느끼는가에 따라 정도가 다르다. 인연이 깊고 친밀한 사람들에게 사회적 책임을 훨씬 많이 느낄 것이다.

머츠는 사회과학자들이 과거 마을 공동체의 유대감 있고 친밀한 이웃 관계를 지나치게 미화한다고 비판한다. 그처럼 강한 유대로 가득하고 동질성이 높은 네트워크는 적극적인 정치 참여를 이끌어낼 수 있겠지만, 다양하고 이질적인 의견이 자유롭게 오가며 심의가 꽃피는 환경은 아니라는 것이다.[26] 머츠의 논의는 여기까지다. 그러나 머츠가 고려하지 않은, 교차노출이 어떤 유대 관계에서 발생하는지를 고려하면 한 가지 통찰을 더 얻을 수 있다. 친밀한 네트워크의 단점은 단지 교차노출이 잘 발생하지 않아 심의가 어렵다는 것뿐이 아니다. 또 한 가지 중요한 것은 설령 교차노출이 발생한다고 하더라도 약한 유대에서보다 정치 참여에 미치는 영향이 치명적이라는 사실이다. 그러나 이러한 통찰이 머츠의 논의를 반박하는 것은 아니다. 머츠의 논의는 여전히 유효하다. 교차노출이 발생하는 관계를 구별하여도, 참여와 심의가 상충한다는 사실은 변함이 없다.

4. 교차노출 이점의 현실적 증명

앞 절에서 알아본 바와 같이 참여와 심의가 양립하기 힘든 상황에서, 우리는 당연히 친밀성과 유대감을 선호할 수밖에 없다. 그럼에도 불구하고 우리가 교차노출과 심의를 놓지 못하는 이점들이 존재한다. 그동안 많은 이론가들이 교차노출을 통한 심의의 이점에 대해 이야기 해왔지만, 교차노출의 이점에 대한 실증적인 증거는 제시되지 못했다. 따라서 이 절에서는 참여와 심의가 양립 불가능한 상황에서 심의를 택하는 것이 정확히 어떤 이점이 있는지 증명하려 한 머츠의 실험을 검토하고, 비판점을 찾아볼 것이다.

---

26 Mutz, *Hearing the Other Side*, p. 54.

(1) 심의의 이점

교차노출의 이점을 실증하려는 목적을 가지고, 피쉬킨(James S. Fishkin)과 머츠는 서로 다른 접근방식을 사용하였다. 피쉬킨은 사람들이 충분히 심의할 수 있도록 이상적인 조건들을 갖춘 공론조사를 통해 심의의 효과를 측정하려 하였다. 여기서 말하는 이상적인 조건들이란 심의할 수 있는 충분한 시간과 공간, 정확한 정보, 전문가들의 조언 등을 말한다. 이러한 조건들을 바탕으로 이뤄지는 공론조사는 표본추출을 통해 사람들을 선정하여 심도 있는 학습과 토론을 거쳐 여론조사가 실시된다. 공론조사에서 사람들은 정확하고 다양한 정보를 얻고, 이를 바탕으로 다른 의견의 사람과 토론을 통해 단순히 머릿속에서 떠오른 느낌이 아니라 심의를 통해 결정을 할 수 있게 되는 것이다. 피쉬킨이 이러한 공론조사를 제시한 배경에는 현실에서는 사람들이 스스로 공적인 심의를 이끌어낼 사회적 맥락이 부족할 뿐더러, 사람들이 일반적으로 알고 있는 정보의 수준도 매우 떨어진다는 전제가 깔려 있다.[27] 그렇기 때문에 사람들이 시간을 내서 정보를 제공받아 심의할 수 있는 기회가 주어져야 한다는 것이다.

그러나 이러한 피쉬킨의 공론조사는 큰 한계점을 가진다. 바로 공론조사처럼 충분한 정보와 시간 등의 이상적인 조건들이 갖춰진 심의가 현실에서는 쉽게 이뤄지기 어렵다는 것이다. 이에 따라 머츠는 피쉬킨의 공론조사가 외적 타당성이 떨어진다고 비판하며, 공론조사가 일상생활과 간격이 커서 일반화하기 어렵고, 공론조사에 참여하는 사람들은 전체 유권자의 일부분에 지나지 않기 때문에 대중 전체 의견에 질적으로 영향을 미

27 Bruce Ackerman, James S. Fishkin, *Deliberation Day* (Yale University Press, 2004), p. 5.

치기는 어렵다고 이야기한다.[28] 이러한 비판에 대해서는 유권자 모두가 공론조사에 참여하는 피쉬킨의 "심의의 날(Deliberation Day)"이 한 가지 답변이 될 수도 있지만, 이 또한 전국적으로 확대하기 위해서는 방대한 예산과 사회적 합의가 필요하기 때문에 현실적인 한계가 존재한다.

이렇게 공론조사와 같이 이상적인 조건들을 갖춘 심의가 현실에서 흔하게 일어나기 힘든 그림의 떡이라면, 이의 효과를 측정한 것은 공허한 외침에 그칠 뿐이다. 그렇다면 결국 현실에서의 심의가 유익하다고 주장하려면, 이상적인 조건들이 갖춰지지 않은 상태에서 이뤄진 심의에서도 긍정적인 영향이 드러나야 한다. 이에 따라 머츠는 심의의 요인들 중 최소한의 조건인 교차노출에만 집중하여 실험을 설계한다. 만약 심의할 수 있는 충분한 시간과 정보가 주어지지 않아도, 일단 다른 의견을 가진 사람과 이야기 하는 것만으로도 이점이 드러난다면, 현실에서의 심의가 효과적이라는 것을 증명할 수 있게 된다. 예를 들어 민주시민교육의 긍정적인 영향에 대해 조사하려 할 때, 훌륭한 교과서, 잘 가르치는 선생님, 시원한 교실 등 효과적인 민주시민교육을 위한 다양한 요인들이 존재할 수 있지만, 그러한 요소들이 없는 상태에서 민주시민교육을 하는 것만으로도 학생들의 시민성이 상승했다면, 민주시민교육이 효과적이라는 최소한의 타당성을 보장할 수 있다는 것이다.

(2) 정치적 관용

머츠가 제한적인 조건 속에서 증명한 교차노출의 가장 큰 이점은

---

28 Mutz, *Hearing the Other Side*, p. 61.

바로 정치적 관용의 증가였다. 이러한 효과는 사람들이 다른 의견들에 최소한의 근거가 있다는 것을 느끼는 데서 시작한다. 복지 확대에 반대하는 사람들은 내가 복지가 없어서 힘들었던 이야기를 들으며 단순히 국가의 돈을 빼먹으려는 파렴치한 인간이 아니라 정말로 도움이 필요한 사람들이 있다는 것을 느끼고, 이를 통해 다른 정치적 의견들에 대한 관용이 증가할 수 있다는 것이다. 또한 내 주장의 근거가 허무맹랑한 소리가 아니고 최소한의 논리가 존재한다는 것을 느끼며 이에 대해 동의하지는 않아도 "그럴 수 있다."고 생각할 것이다.

실제로 머츠는 교차노출을 통해 정치적 관용이 증가하는 것이, 상대방의 의견을 알게 되는 인지적 메커니즘과, 정서적으로 가까워지는 정서적 메커니즘을 통해 일어난다고 설명한다. 머츠는 인지적 메커니즘의 경우 자체 설계한 실험을 통해, 정서적 메커니즘은 설문조사를 통해 증명하였다.[29] 실험은 정서적인 영향을 배제하고 순수하게 정보에 따른 인지적인 영향만을 검증하기 위해 정보의 노출을 직접 얼굴을 마주 보며 이루어지는 것이 아닌, 의견의 근거만을 서면으로 제공받는 방식으로 이루어졌다.

그러나 이러한 실험 설계의 경우 머츠가 처음에 의도한 실험 목적과는 결과가 달라질 수 있다. 머츠는 정서적 메커니즘의 영향을 배제하기 위해 면대면 교차노출이 아닌, 서면을 통해 의견과 근거만을 전달하는 방식으로 교차노출을 제공하였지만, 이는 처음에 의도한 현실에서 사람들 간에 이뤄지는 교차노출과는 다른 양상을 보일 수 있다. 일방적으로 종이에 쓰인 다른 의견과 근거를 읽는 것은 상호작용을 통해 말로 이루어지는 대

29 Mutz, *Hearing the other side*, pp. 68–84.

화와는 전혀 다른 의사소통 메커니즘이기 때문이다.

따라서 머츠가 실험을 통해 증명한 것은 사람들 간의 대화를 통한 교차노출이기 보다는, 다른 의견의 책이나 신문기사를 읽고 이뤄지는 교차노출이 될 수 있다는 것이다. 결국, 정서적 메커니즘을 배제하고 인지적 메커니즘만을 측정하기 위한 머츠의 실험 설계는 기존의 의도와는 다른 결과를 낳을 수 있는 가능성을 지닌다.

(3) 예의는 필수적인가?

더불어 머츠의 조사에서 주목할 만한 점은, 상대방의 의견을 존중하며 토론하는 상호존중(mutual respect)이나 예의와 같이, 밀(John. S. Mill), 하버마스, 그리고 아렌트(Hannah Arendt) 등의 민주주의 이론가들이 필요하다고 보았던 특별한 조건들이 교차노출의 이점을 산출하는 데에 필수적이지는 않았다는 것이다.[30] 다른 의견에 노출될 때 서로에 대한 예의가 있다면 그들의 시민적 자유를 더욱 지지하기는 했지만, 그것이 지지를 이끌어내기 위한 필수적인 조건은 아니었다. 즉, 이러한 결과는 토론자들 간에 예의를 갖추지 않아도, 일단 반대 의견에 노출되는 것만으로도 교차노출의 긍정적인 효과가 발생한다는 것을 뜻한다.

그러나 이에 대해서도 비판점이 존재한다. 머츠의 실험은 면대면 교차노출을 하는 사람들을 대상으로 이루어졌는데, 현실 상황에서는 모두가 최소한의 체면을 지키려고 노력한다. 이는 실제로 머츠가 조사한 교차노출의 단점인 정치적 참여의 감소 메커니즘 중 사회적 책임의 영향을

30 Mutz, *Hearing the other side*, p. 75.

통해 간접적으로 추론될 수 있다. 머츠는 사람들이 다른 사람들과의 관계를 매끄럽게 하고 갈등을 회피하고 싶어하기에 정치적인 발언을 줄이고 결정을 늦게 내린다고 주장한다. 여기서 생기는 사회적 책임은 사람들이 자신의 체면을 생각하고 다른 사람과의 관계를 신경쓰기 때문에 일어나는 것인데, 이는 예의를 차리는 것 또한 포함된다.

그에 비해 면대면이 아닌 인터넷 공간에서 이뤄지는 익명상의 교차노출에서는 전혀 체면을 지킬 필요가 없다. 따라서 최소한의 예의조차 없을 수 있고, 심지어 평소에 현실에서는 입에 담지도 못할 욕설들이 난무할 수도 있다. 이러한 상황에서 머츠가 예의를 통제한 것은 예의가 충분히 갖춰지지 않아도 교차노출이 이점을 가져다준다는 것을 보여주기 위함이었겠지만, 사람들의 얼굴을 보면서 이뤄지는 교차노출, 특히 자신의 행동이 기록되는 실험에서 최소한의 예의조차 지키지 않을 사람은 없을 것이다. 따라서 극단적으로 예의가 부재한 상황에서는 교차노출이 의미가 없을 수도 있다는 의문을 가질 수 있다. 이러한 인터넷상의 교차노출에 대한 검토는 5절에서 더 하도록 한다.

(4) 편협한 사람 또한 효과가 있는가?

그렇다면 한 가지 드는 의문은 이미 강한 정치적 입장을 가지고 있는 사람 또한 교차노출의 효과를 받느냐는 것이다. 만약 교차노출이 견해를 정하지 못한, 약한 수준으로 생각하고 있는 사람들에게만 정치적 관용을 높여주고, 이미 생각을 확실히 정한 사람들에게는 전혀 영향을 끼치지 못한다면, 교차노출은 한계를 지니게 될 것이다.

머츠의 실험에서는 다른 의견에 노출되는 참가자들 중 타고난 관점 수용 능력이 높은 피실험자들만이 관용에 유의미한 변화를 보였다. 오히려 관점 수용 능력이 떨어지는 피실험자들은 교차노출을 통해 정치적 관용이 떨어지기도 했다. 이는 관점 수용 능력이 낮은 사람들에게 자신과 다른 의견에 노출되는 것은 오히려 반대 의견에 대한 반향을 일으키기 때문일 수 있다.

이에 따라 정치적 입장이 공고하고 관점 수용 능력이 떨어지는 사람이 사회에 많다면 교차노출이 효과적이지 않을 수 있다는 우려를 낳을 수 있다. 그러나 다행히도 정치적 입장이 공고하다고 해서 관점 수용 능력이 낮은 것은 아니다. 한 연구에 따르면 정치적 입장이 공고한 사람이라도 교차노출이 자신의 의견의 공고성에 부정적인 영향을 미쳐 정치적 관용을 증가시킨 것으로 보여졌다.[31] 즉, 자신의 정치적 입장이 확실히 정해져 있는 정당의 대표 같은 경우에도 교차노출이 정치적 관용을 높이는 데에 효과가 있다는 것이다. 이는 정치적 입장이 공고하다고 해서 그들의 관점 수용 능력까지 낮을 것이라고 예단할 필요는 없다는 것이다.

이러한 측면에서 볼 때, 우리의 주변에서 보이는 정치적 입장이 공고한 사람들이 반드시 관점 수용이 능력이 낮을 것이라고 생각하여 교차노출을 꺼려할 필요는 없다. 그럼에도 불구하고 관점 수용 능력이 실제로 낮은 사람에게는 교차노출이 효과적이지 않기 때문에, 관용을 낮추기도 하는 이러한 부작용은 교차노출을 모든 사람에게 무조건적으로 추천하기는 어려운 잠재적인 단점이 된다.

31 최윤정·이종혁, 「인터넷 토론에서 이견(異見) 노출이 정치적 관용에 이르는 경로 분석」, 『한국언론학보』 56(2): 2012, 301-30, p. 321.

5. 심의 민주주의의 재검토: 머츠 이론 비판과 심의의 현실적 타당성

지금까지 현실에서 심의와 참여가 어떤 관계에 있는지 알아보고, 심의의 현실적 이점이 무엇인지 알아보았다. 현실에서 참여 민주주의와 심의 민주주의는 각각 동질적 네트워크와 이질적 네트워크에 기반하기 때문에 동시에 달성하기 어렵다. 동질적 네트워크에서는 정보를 편향적으로 습득해 확증 편향이 생기고, 극단적 의견이 주변의 동의를 얻기 쉬우며, 극단화에 거부감을 느끼는 사람들이 네트워크를 떠나 심의가 발생하기 어렵다. 반면 이질적 네트워크에서는 자신의 생각에 약점이 있다는 것을 알게 되어 적극적인 정치 참여를 주저하게 되는 양가성과, 타인과의 관계를 손상시키지 않기 위해 정치적 발언이나 참여를 자제하는 사회적 책임 때문에 심의는 발생하지만 참여는 감소한다.

그럼에도 정치적 의견이 다른 사람과 대화하는 것은 인지적, 정서적 메커니즘을 통해 정치적 관용이 증가한다는 이점이 있다. 이때 교차노출은 민주주의 이론가들이 필요하다고 보았던 상호존중이나 예의 등이 갖춰지었지 않더라도 정치적 관용이 증가한다는 점은 주목할 만하다.

그러나 참여와 심의가 양립 불가능한 상황에서, 교차노출이 장려되었을 때 정치적 관용이 증가할 수 있다는 설명만으로 심의를 택해야 한다는 결론을 내리기는 부족하다. 참여와 심의가 양립 불가능하다는 결론을 도출하는 과정에서 중요하지만 다루어지지 않은 부분이 있는지 검토하지 않았다. 만약 검토 후에도 두 가치 중 하나를 택해야 한다는 결론이 달라지지 않는다면 심의를 택해야 하는 이유를 정당화해야 한다.

따라서 이 절에서는 (1) 우선 머츠가 제시한 참여와 심의의 모순을 극복할 이론이 무엇인지 알아보고, 머츠는 어떤 결론을 내렸는지 간단히 알아본 후, 참여와 심의가 양립 불가능하다는 결론을 도출하는 과정에서 머츠의 이론을 비판할 것이다. 구체적으로 (2) 머츠의 조작적 정의로 포착되지는 않지만 현실에서의 심의에 영향을 줄 수 있는 경우를 검토하고, (3) 동일한 결론에 도달하지만 머츠의 개인의 정치적 성향, 사회적 맥락, 네트워크의 관계에 대한 수정된 모델 비판 및 심의의 수준을 고려하지 않은 한계가 있다는 점을 지적한 후, (4) 머츠의 결론을 따라가더라도 제기되는 비판점을 알아보겠다. 마지막으로, (5) 심의를 검증한 일련의 과정이 현실에서 어떤 의미를 지니는지 알아보겠다.

(1) 참여와 심의의 모순을 극복할 이론이 있는가?

머츠는 참여와 심의가 상충해 발생하는 모순을 극복하는 네 가지 선택지를 제시한다.[32] 그러나 머츠는 제시된 네 가지 선택지가 모두 한계가 있다고 보아 기각한다.

첫째, 정치에 대한 가치를 평가절하(devalue) 한다. 사람들과 정치적 대화를 나누는 것의 이익이 이로 인해 사회적 관계가 지장을 받아 발생하는 비용보다 크다고 판단할 때 논쟁에 참여하는 것이 합리적인데, 정치의 가치가 그리 높지 않다면 굳이 관계가 악화될 위험을 감수하고 대화하지는 않을 것이다.

둘째, 생각이 같은 사람들과만 정치에 관해 이야기한다. 머츠는 이미 우리가 일상에서 경험하고 있다고 본다. 우리는 비슷한 정치적 관점을

32 Mutz, *Hearing the Other Side*, pp. 136–9.

가진 이들과 대화하며 동질적인 네트워크를 유지하는데, 이들 간에는 크게 의견 충돌이 발생하거나 갈등이 일어날 염려가 없다는 것이다.

머츠는 정치문화를 연구하는 사람들은 두 선택지를 받아들일 만한 해결책으로 생각하지 않을 것이라 주장한다. 왜냐하면 정치를 연구할 가치가 있다고 보기 때문에 연구하는 사람들에게 정치를 평가절하하라는 대안 자체가 설득력이 없기도 하지만, 이런 상황에서는 정치적 분열(balkanization)이 일어나기 때문이라는 것이다. 정치적 분화가 일어나면 생각이 같은 사람들끼리만 대화함으로써 정치적으로 다른 의견을 들을 기회 자체가 드물어진다. 따라서 상대방과 그들의 의견에 대해 편견을 가질 가능성이 있고, 당연히 정치적 관용이 증가할 기회도 적어진다.

셋째, 사회적 관계와 사회적 조화의 가치를 낮춘다. 이는 첫 번째 선택지의 반대이다. 사회적 관계와 조화의 가치가 그리 높지 않다면 정치적 대화를 나눔으로써 발생할 비용이 크지 않기 때문에, 상대적으로 생각이 다른 사람들과 더 많이 소통할 수 있을 것이다. 이 선택지에 대해 머츠는 현실에서 사람들이 정치 이야기를 꺼내 다른 사람을 불쾌하게 만드는 것을 개의치 않거나, 다른 사람들과 이러한 대화를 하다가 거리가 멀어질 수도 있음을 개의치 않아야 소통이 활발해진다는 의미로 볼 수 있기 때문에 비현실적이라 평가한다. 오히려 사람들은 일상에서 정치를 비교적 덜 중시하고 있다고 할 수 있다. 사람들은 사회적 조화를 가치 있게 여기고, 이를 유지하기 위해 얼굴을 맞대고 정치적 대화를 하지 않는 것이다. 흔히 말하는 "정치와 종교 얘기는 하지 말라"는 일종의 격언이 이 상황을 적절하게 설명한다고 할 수 있다.

마지막으로, 사람들이 자발적 결사체(voluntary associations)에 참여하여 당파적 논리에 매몰되어 정치를 이해하고 논쟁하는 것을 피하면서 초당파적으로 정치에 참여하여 스스로를 "좋은 시민"으로 여기게끔 한다. 머츠는 자발적인 정치 참여는 좋은 시민이 가지는 덕목이라 평가되고, 이러한 결사체가 당파적 문제에 매몰되지 않고 초당파적 어젠다를 광범위하게 포섭할 수 있다고 본다. 그러나 만약 자발적 결사체가 논쟁적인 정치적 목표를 추구한다면, 이 모임은 이미 공유하고 있는 정치적 관점을 기반으로 사람들이 구성되고, 그 관점에 동의하지 않는 사람들은 더 이상 모임에 참여하지 않을 것이라는 점을 덧붙인다. 이 경우 교차노출은 다시 줄어든다.

위와 같이 참여와 심의가 충돌하는 딜레마 상황에서 머츠는 심의를 택한다.[33] 생각이 다른 사람들과 토론하는 것은 생각이 같은 사람들과 토론하는 것에 비해 인위적인 노력이 필요하고, 심의를 택할 때 이익이 참여를 택할 때보다 크기 때문이다. 게다가 메타적 관점에서 참여와 심의 간 긴장관계를 해소할 수 있기 때문이다. 다시 말해 참여와 심의의 긴장을 해소하는 것도 결국 심의로부터 시작된다. 따라서 머츠가 보는 생각이 다른 수 많은 사람들로 이루어진 현대 사회에 적합한 시민은 정치적 견해가 다를지라도 귀 기울일 수 있는 사람이라 할 수 있다.

그러나 머츠의 저서 *Hearing the other side*는 참여 민주주의 이론과 심의 민주주의 이론이 근본적으로 양립 불가능하다는 점을 검증하는 것이 주 목적이기 때문에 심의를 택하는 이유를 논증하지는 않는다. 따라서 이 글에서도 심의를 택해야 하는 이유를 정당화하지는 않겠다. 또한 머츠가 참여와 심의가 양립 불가능하다는 점을 밝히기 위해 심의의 정도를 교차노출 정도로 조작화하고, 실험과 설문조사를 통해 현실에서 검증하는

---

33 Mutz, *Hearing the Other Side*, pp. 148–51.

과정에서 가정에 위배되는 검증이나 실험 방법론상의 문제점을 찾지는 못하였다. 그러나 머츠 이론의 현실적 타당성을 분석한 결과 다음과 같은 비판점을 발견하였다.

(2) 머츠의 조작적 정의에 포함되지 않은 현실에서의 심의에 영향을 주는 요소: 온라인상의 교차노출

머츠가 *Hearing the other side*를 쓸 당시인 2000년도 중반은 한국에서 인터넷 커뮤니티가 한창 발달되던 시점이었지만, 인터넷은 사람들의 의사소통에 있어 부가적인 수단이었다. 그러나 이제 사람들은 현실보다 인터넷 상에서 더 많은 이야기를 나누고 있고, 온라인 상의 교차노출은 현실에서의 교차노출과는 다른 양상을 보인다. 따라서 이에 대한 추가 연구가 진행된다면, 새로운 의사소통 방식을 통해 머츠가 양립 불가능하다고 밝힌 참여와 심의의 대립이 해소될 수도 있다.

1) 면대면 교차노출과 온라인 교차노출의 다른 양상

면대면 교차노출과 온라인상의 교차노출이 가지는 가장 큰 차이점은 의사소통 방식에 있다. 면대면 대화에서는 말로 전달되는 정보 외에도 상대방의 표정, 억양, 몸짓 등을 통해 더 많은 정보를 얻는다. 반면 온라인상의 대화는 그러한 비언어적 표현들이 모두 배제된 채 텍스트만을 읽게 된다. 이에 따라 사람들은 같은 텍스트를 읽어도 다른 의미로 해석할 수 있고, 이에 따라 다른 반응을 보일 수 있다.

또한 인터넷상에서는 선택적 노출이 더 강화된다. 즉, 사람들은 인터넷을 통해 자신이 원하는 정보만 접하고, 이를 통해 양극성이 더 심화될 수 있다. 실제로 사람들은 온라인 미디어 환경에서 자신에게 우호적인 정보만을 접하는 경향이 있고, 우호적 여론 지각은 태도 극화를 강화하는 유의미한 요인으로 나타난다.[34] 따라서 현실에서의 노출보다 온라인상의 노출이 더욱 많은 현대 사회에서 교차노출은 점점 더 줄어가며 다른 양상을 보이고 있다. 이에 따라 인터넷상의 교차노출은 정확히 어떠한 측면에서 현실의 교차노출과 차이점을 가지는지 분석할 필요가 있기 때문에, 인터넷에서의 교차노출의 이점인 정치적 관용 증가에 이르는 메커니즘과, 부작용인 정치적 참여의 감소에 이르는 메커니즘을 각각 분석해보도록 하겠다.

2) 정치적 참여: 인터넷 교차노출의 양가성 감소 가능성

인터넷 교차노출은 현실의 면대면 교차노출과는 달리 양가성이 적을 수 있다. 이는 위에서 언급한 선택적 노출의 강화와 연관된다. 많은 양의 정보가 넘쳐나는 인터넷에서 사람들은 자신의 의견을 뒷받침해주는 정보들을 쉽게 찾을 수 있고, 그러한 정보들만 선택적으로 받아들이며, 자신의 의견을 합리화하고 강화시킬 수 있다. 이러한 손쉬운 정보의 접근성은 자신의 의견을 공고화시키며 정치적 참여를 증가시키는 효과를 가진다. 실제로 한 연구에서는 미디어의 이용이 정치적 관용을 높여, 선거운동참여라는 적극적 정치참여를 높여주는 것으로 보여졌다.[35]

게다가 최근 논란이 된 인터넷상의 가짜 뉴스들은 상대방의 의견을 가짜 근거에 의한 것으로 치부해버릴 수 있는 가능성을 높인다. 이와 동시에,

---

34 노정규·민영, 「정치 정보에 대한 선택적 노출이 태도 극화에 미치는 효과」, 『한국언론학보』 56(2): 2012, 226-48, p. 243.

35 권혁남, 「미디어 이용, 정치네트워크 이질성이 정치적 관용과 정치참여에 미치는 효과」, 『지역과 세계(구 사회과학연구)』 39(3): 2015, 47-77.

확실한 출처의 자료를 근거로 한 자신의 의견을 공고화하며 양가성을 줄일 수 있다. 예를 들어 A라는 사람이 가지고 있는 자료는 X정권에서 대북송금액이 제일 높다고 나와있고, 이를 근거로 A는 X정권을 지지하고 있었다. 하지만 상대방 B가 가지고 있는 자료에 따르면 Y정권이 대북원조액이 가장 높다고 나와 있을 수 있다. 이러한 차이는 송금액인지 원조액인지 등 세부적인 요소에 따라 달라지는 것이지만, A와 B가 가장 쉽게 선택할 수 있는 것은 이러한 자료를 세세히 검증하기 보다는 상대방이 가지고 있는 자료가 거짓 자료라고 치부해 버리는 것이다. 이에 따라 자신의 자료를 "신성시"하며 양가성을 줄이는 결과를 낳을 수 있다.

동시에, 인터넷에서 쉽게 조직되는 팬 커뮤니티는 교차노출 자체를 줄이는 방향으로 이어질 수 있다. 한 연구에 따르면 인터넷상의 정치인 팬 커뮤니티에서는 숙의나 토론 등의 이슈에 관한 논쟁이 발생하지 않으며, 토론이 발생하더라도 특정인에 대한 격려가 주를 이루는 것으로 보여졌다.[36] 결국 선택적 노출이 강화된 인터넷 상에서의 정치에 대한 노출은 동질적인 네트워크가 주가 되어 일어나며 교차노출이 감소되고 있는 것으로 보인다.

결과적으로, 인터넷상의 교차노출은 자료에 대한 손쉬운 접근성을 바탕으로 자신의 의견을 공고화시켜 양가성을 줄일 수 있고, 심지어는 교차노출 자체가 줄어들 수 있는 것으로 보여진다. 이러한 영향은 교차노출의 부작용을 줄여, 정치적 참여의 확대로 이어질 수 있다.

---

36 송경재·금혜성, 「한국과 미국의 정치인 팬 커뮤니티 비교연구 –인터넷 팬덤의 정치적 효과를 중심으로」, 『담론201』 16(3): 2003, 145–70.

3) 정치적 참여: 인터넷상의 사회적 책임 감소 가능성

더불어 인터넷 상에서의 교차노출에서 가장 주목할 만한 점은 익명성이다. 다른 사람과 대화를 할 때 예의를 지키며 체면을 신경 써야 하고, 그들과의 관계를 위해 반대되는 주장을 하지 않게 하는 사회적 책임은 익명성 하에서는 다소 사라지게 된다. 따라서 익명 아이디를 통해 정치적 담화를 나누는 인터넷상의 네티즌들은 더 이상 예의를 차리거나 사회적 책임을 신경 쓰지 않아도 되게 된다. 인터넷 뉴스 기사에 악플을 달던 악플러를 잡고 보니 대학교수였다는 일화는 이를 뒷받침한다.[37]

따라서 이러한 사회적 책임의 부재는 교차노출이 정치적 참여에 미치는 부정적인 영향을 감소시킨다. 즉, 인터넷상의 교차노출을 통해 사람들은 정치적으로 더 참여하게 될 수 있다는 것이다. 현실에서 다른 사람의 눈치를 보며 정치적 발언을 하지 않던 사람들도 인터넷 정치 기사의 댓글을 쓰며 이에 대해 이야기를 나눈다. 그것이 영양가 있는 토론인지 아닌지는 차치하더라도, 적어도 사람들이 현실에서 억누르고 있던 정치적 참여의 욕구를 온라인상에서 발휘하고 있는 것이다.

문제는 이러한 예의가 부재한 댓글이 동시에 정치적 참여를 감소시키는 결과를 낳을 수도 있다는 점이다. 실제로 한 연구에 따르면 온라인 신문 기사에 달리는 댓글의 4분의 3 이상이 상대방을 존중하지 않는 것으로 드러났다.[38] 즉, 댓글을 쓰는 사람들의 참여는 늘어난 반면, 이를 읽는

---

37 "'악플' 네티즌 약식기소…대학교수·대기업 직원 등," 〈한겨레〉, 2006. 01. 26, http://www.hani.co.kr/arti/society/society_general/98123.html, (검색일-2018.09.12)

38 조수선, 「온라인 신문 댓글의 내용분석: 댓글의 유형과 댓글 게시자의 성향」, 『커뮤니케이션학 연구』 15(2): 2007, 65-84.

사람은 예의가 없는 댓글들을 보며 오히려 정치에 대해 거부감이 늘어날 수도 있는 것이다. 이에 따라 간접적으로 인터넷 댓글의 교차노출로 인해 정치적 참여가 줄어들 가능성도 존재한다.

이를 종합해본다면, 현실의 교차노출과는 달리 인터넷상의 교차노출은 양가성이 감소된 형태로 나타나며, 사회적 책임은 줄이는 효과를 낳을 수 있기에 정치적 참여가 증가할 수 있을 것이다. 그러나 동시에 사회적 책임감이 적은 악플들은 오히려 정치적 참여에 부정적인 영향을 미칠 수 있다. 따라서 기존의 면대면 대화에서의 교차노출이 정치적 참여에 미치는 영향을 분석한 두 가지 기제를 인터넷 교차노출에 적용할 경우, 둘 모두 정치적 참여를 증가시키는 방향으로 이어지지만, 동시에 정치적 혐오 발생 가능성 또한 존재하기 때문에 이에 대한 새로운 기제 등이 추가로 연구되어야 한다.

4) 인터넷과 정치적 관용: 인지적, 정서적 메커니즘

인터넷상의 익명성은 교차노출의 장점인 정치적 관용에 부정적인 영향을 미칠 수 있다. 실제로 한국리서치 여론조사에 따르면 네티즌의 93%가 댓글의 자극적이고 무례한 표현 때문에 불쾌감을 느낀 경험이 있다고 답하였다.[39] 이는 정서적 메커니즘에 매우 부정적인 영향을 미친다. 머츠는 사람들이 교차노출을 통해 다른 의견의 사람들과 이야기를 나누며 그들과 정서적으로 친근함을 느끼기 때문에 그들도 정치적 자유를 존중 받아야

39 ""댓글에 불쾌감 느낀 적 있다" 93% "댓글 금지는 반대" 74%," 〈한국일보〉, 2018.05.29, http://www.hankookilbo.com/v/0596e5f96ad746a085a3833fdf68a85a (검색일-2018.09.12)

한다고 생각하게 된다고 주장한다. 이러한 정서적 친근함이 곧 정치적 관용으로 이어진다는 것이다. 그러나 문제는 예의가 없고 각종 욕설과 혐오 표현이 난무하는 인터넷 상의 댓글은 오히려 정서적으로 멀어지는 결과를 낳을 수 있다는 점이다. 다시 말해 다른 의견의 사람들에게 정서적으로 친근함을 느끼는 것이 아니라, 정서적 거부감을 느끼게 된다는 것이다.

동시에, 인터넷 교차노출은 인지적 메커니즘에 부정적인 영향을 미칠 수 있다. 인지적 메커니즘은 나와 다른 의견을 듣더라도, "그렇게 생각할 수 있지,"라고 생각하는 것인데, 내가 그 사람의 의견에 동의하지는 않아도 그것이 일정한 논리와 근거를 갖춘다면 그의 정치적 자유를 지지한다는 것이다. 그러나 문제는 인터넷상의 댓글들이 이러한 논리성과 근거를 종종 갖추지 않는다는 것이다. 실제로 기사에 달린 댓글 내용을 바탕으로 기사의 이해도를 측정했을 때, 이해도가 "상"으로 평가된 댓글은 19%에 불과했다.[40] 이러한 비논리적인 댓글들을 보면서 사람들은 나와 반대된 의견을 가진 사람이 비논리적이며 비합리적이라 생각하기 쉽다. 이외에도 SNS나 모바일 메신저를 통해 무분별하게 확산되는 근거 없는 소위 "찌라시"들은 사람들의 인지적 메커니즘에 부정적인 영향을 미치게 된다. 이에 따라 오히려 인터넷상에서 이뤄지는 교차노출은 인지적 메커니즘과 정서적 메커니즘 모두에 부정적인 영향을 미쳐 정치적 관용을 감소시킬 수 있다.

---

40 조수선, "온라인 신문 댓글의 내용분석: 댓글의 유형과 댓글 게시자의 성향", p. 77.

5) 인터넷을 통한 참여와 심의의 양립 가능성

결국 이러한 양상을 모두 종합하면, 온라인상의 교차노출은 기존의 면대면 교차노출과는 매우 다른 양상을 보인다. 인터넷 사용을 통해 정치적 참여는 증가할 수 있는 것으로 보이며, 정치적 관용의 감소 가능성 또한 보인다. 이와 더불어, 정치적 혐오 등에 대한 새로운 메커니즘이 제시되어야 하고, 머츠가 통제한 예의(civility)와 같은 교차노출의 정성적 요소들도 고려되어야 할 것이다.

따라서 현실보다 온라인상에서 정치 토론과 교차노출이 더 많이 일어나는 현대 사회에서는 온라인 교차노출에 대한 연구가 진행되어야 한다. 머츠가 심의와 참여의 양립불가능을 주장하며 제한적인 조건에서 교차노출의 이점을 실험한 것은 현실에서 이러한 심의가 쉽게 일어나지 않는다는 이유 때문이었다. 그러나 만약 머츠가 고려하지 못한 인터넷 공간을 통해 이상적인 공론장이 발생한다면, 심의와 참여의 양립가능성을 볼 수 있을 것이다.

(3) 머츠와 동일한 결론에 도달하지만 설명에서 다루어지지 않은 부분: 수정된 모델과 심의의 수준 비판

여기서는 첫째, 머츠가 제시한 수정된 모델이 고려하지 못한 메커니즘을 다룬다. 둘째, 머츠가 간과한 심의의 수준을 다룬 연구를 토대로 교차노출의 효과에 대해 다시 한 번 논의한다.

1) 사회적 맥락과 개인의 정치적 성향

머츠는 심의의 필요성을 강조하는 한편, 네트워크의 동질성이 높아지며 심의가 어려워지는 현실을 묘사하며 개인의 정치적 성향, 사회

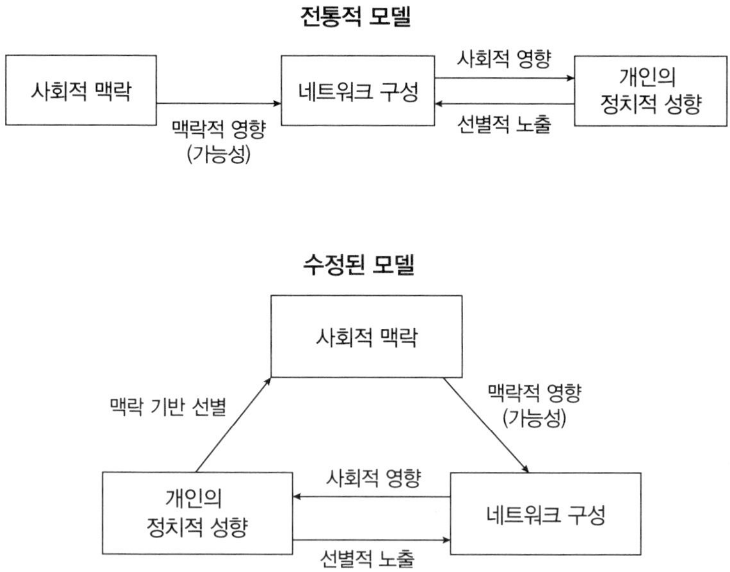

그림 1.1. 사회적 맥락, 정치적 네트워크, 개인의 정치적 성향의 관계에 대한 전통적 모델과 수정된 모델(출처: Mutz 2006, p.45)

적 맥락, 네트워크의 관계에 대한 수정된 모델을 제안한다. 기존의 전통적 모델은 사회적 맥락이 네트워크의 이질성을 높인다고 보았다. 우리가 일상에서 접하는 수많은 사회적 맥락은 개인의 정치적 성향과 무관하게 다양한 사람들을 만나도록 한다는 것이다. 예를 들어 직장에서는 개인이 원치 않더라도 자신과 정치 성향이 다른 사람과 이야기할 기회가 있을 수 있다. 반면 머츠는 수정된 모델을 통해 사회적 맥락이 개인의 정치적 성향에 의해 영향을 받을 수 있기 때문에 맥락이 반드시 이질성을 보장하진 않는다고 주장한다. 개인은 가치관과 성향에 기반해 사회적 맥락을 선택하기 때문에 사회적 맥락에서도 동질성이 높을 수 있다는

것이다.[41]

그런데 전통적 모델과 머츠가 제안한 수정된 모델은 모두 사회적 맥락이 네트워크(면대면 대화)를 통해 간접적으로만 개인의 정치적 성향에 영향을 준다고 설명한다. 그러나 사회적 맥락이 네트워크를 통한 간접적인 경로 외에도, 정치 성향에 직접 영향을 미칠 수 있다. 예를 들어 새터민의 정착에 대해 세 가지 설명이 가능하다. 첫째, 이들은 북한 체제에 반감을 품고 새 터전을 선택했다. 개인의 정치적 성향이 사회적 맥락을 선별한 것이다. 이는 수정된 모델의 설명이다. 둘째, 이들이 한국에서 만난 사람들과 교류하며 정치 성향에 변화가 있을 수 있다. 다른 새터민들의 이야기를 듣고 한국의 사회 체제를 더 선호하게 되는 경우가 이에 해당한다. 이것은 네트워크가 정치 성향에 영향을 주는 전통적 모델과 수정된 모델의 설명이다. 그러나 셋째, 네트워크와는 무관하게 자신이 직접 새로운 사회적 맥락의 가치와 제도를 경험하기도 한다. 이를테면 마트나 은행에서 시장 경제의 원리를 배우거나, 기초생활수급비와 같은 복지 시스템, 선거를 접할 수 있다. 이를 통해 자유민주주의와 시장경제에 호감을 느끼거나 반대로 거부감을 느낄 것이다. 이는 사회적 맥락이 네트워크를 통하지 않고 정치 성향에 직접 영향을 미친 경우다.

따라서 〈사회적 맥락 → 개인의 정치적 성향 → 네트워크 구성〉의 순서도가 가능하다. 이는 첫째와 둘째 설명만큼 중요한 메커니즘이지만, 전통적 모델과 수정된 모델은 이를 간과한다. 그러나 이 사실이 머츠가 역설하는 심의의 필요성을 부정하진 않는다. 이는 오히려 네트워크 동질성

---

41 Mutz, *Hearing the Other Side*, p. 45.

이 높아질 수 있는 경로가 하나 더해진 셈이다. 예를 들어 특정 사회적 맥락에 속한 사람들은 유사한 정치 성향을 가지게 되어 결국 그들이 이루는 네트워크의 동질성이 증가할 수 있다. 그러므로 이 같은 메커니즘은 심의가 어려워지는 현실에 대한 머츠의 우려가 적절함을 다시 한번 상기시킨다고 볼 수 있다.

2) 심의의 수준

머츠는 또한 교차노출의 효과가 대화의 수준에 따라 달라질 수 있음을 간과한다. 대화의 수준을 고려하면 머츠의 주장은 반은 맞고 반은 틀리게 된다. 머츠는 측정의 용이성을 위해 심의를 교차노출로 조작적으로 정의한다. 그러나 심의를 이렇게 단순하게 측정하여 정작 심의 그 자체의 내재적 성격에 대해 진지하게 고민하지 않았다. 즉, 심의의 수준을 고려하지 않았다. 그러나 심의 수준이 낮을 때와 높을 때 교차노출이 정치 참여에 미치는 영향은 정반대다. 전자에서는 머츠가 지적한 것처럼 참여가 감소하지만, 후자에서는 오히려 증가한다는 연구 결과도 있다.[42] 물론 해당 연구가 머츠의 연구를 완벽히 재현한 것은 아니지만, 참여와 심의가 항상 양립불가능한 것은 아니라는 점을 설득력 있게 보여준다. 결국, 머츠가 연구를 위해 인위적으로 배재한 부분으로 인해 정반대 효과가 나타날 수 있는 가능성을 놓쳐버린 것이다. 이처럼 머츠는 교차노출이 발생하는 상황이 다양하지만 그 맥락을 심의 수준에 따라 구별하지 않아 중요한 시사점을

---

42 노성종·민영, 「'숙의'와 '참여'의 공존: 대화의 숙의수준에 따른 정치적 이견의 경험과 정치참여의 관계」, 『한국언론학보』 53(3): 2009, 173-97.

놓치고 있다.

(4) 머츠의 결론을 받아들이더라도 현실에서 적용되기 어려운 부분: 심의를 통한 시민적 역량

1) 역량개발 메커니즘에 의한 심의 비판

머츠가 심의를 조작화 한대로 시민들이 반대관점에 노출된다고 해도, 일상에서 실질적으로 더 나은 결과를 이끌어낸다고 보기는 어렵다. 왜냐하면 심의를 하더라도 시민적 역량(civic competence)이 증가한다고 보기 어렵기 때문이다. 루피아(Arthur Lupia)의 역량개발 메커니즘(competence-generating mechanisms)에 따르면 시민적 역량은 단순히 심의를 한다고 증대되지 않고 인지적으로 다음과 같은 과정을 거쳐야 한다. ① 대화 상대방의 주장이 토론 참가자의 주목을 받아야 한다. ② 참가자들은 주목한 주장을 기억하고 있어야 한다. ③ 기억된 주장이 기존에 참가자들이 가지고 있던 정치적 믿음을 바꿀 수 있어야 한다.[43] 구체적인 예를 통해 각 과정을 자세히 알아보자.

첫째, 동성혼에 대해 긍정적이지 않은 인식을 가지고 있었던 내가 동성혼을 찬성하는 사람과 심의를 하는 상황을 상정해보자. 동성혼에 대한 의견을 묻는 나의 질문에 대화 상대방은 "일반적 다수와 다른 성적 지

---

43 Arthur Lupia, "Deliberation Disconnected: What It Takes to Improve Civic Competence," *Law and Contemporary Problems* 65(3): 2002, 133–50.

향을 가졌다는 이유만으로 사회적 구속력을 가진 행위인 결혼을 금지하는 것은 국가의 제도가 인간으로서 가져야 할 행복추구권을 침해하는 것이다"라고 주장했다. 이때 나의 시민적 역량이 증가하려면, 우선 "성적 지향," "사회적 구속력을 가진 행위," "행복추구권" 등 단어 자체와 단어 간 결합이 만드는 내용을 이해해야 한다. 만약 내가 이 문장을 들을 때 집중하고 있지 않았다거나(예를 들어 "오늘 저녁은 뭘 먹을까?"라던가 "올 하반기 서류 접수는 언제부터지?" 등), 그 주장의 특정 부분에만 초점을 맞추었다면(예를 들어 "사회적 구속력을 가진 다른 행위에는 어떤 것들 것 있을까?"나 "행복추구권이 어디에 명시되어 있는가?" 등), 나는 상대방의 주장에 주목하지 않은 것이다. 이때 주목해야 할 주장이 복잡할수록, 내가 그 주장에 주목해야 할 유인이 낮을수록 상대방의 주장을 온전히 이해하기 어려울 것이다. 또한 내가 상대방의 지위나 행동 등을 신뢰하지 않거나, 상대방의 이해관계가 나와 다르다고 생각할 때도 주장을 왜곡해서 받아들일 수 있다.

둘째, 나는 주목한 주장을 기억해야 한다. 그러나 한번 무언가를 기억했다고 영원히 지속되는 것은 아니다. 만약 내가 상대방 주장의 비판점을 찾기 위해 깊이 생각했다면, 보다 분명하게 기억할 수 있을 것이다. 반대로 상대의 주장을 스스로 생각하는 과정을 거치지 않으면 일상에서 접하는 새로운 정보에 의해 쉽게 잊혀지거나 왜곡될 것이다. 이는 설령 상대방의 주장을 듣는 과정에서 집중하였다고 하더라도, 이후 그 주장을 다시 떠올리는 인위적인 노력을 하지 않는다면 시민적 역량이 증대되기 어려움을 암시한다고 하겠다. 예를 들어 상대방의 동성혼 찬성 주장을 들었지만 입사를 원하는 회사의 서류 접수 마감이 이틀 후라 그 주장을 다시 떠올릴 겨를이 없거나, 애초에 그 주장을 들을 때 "무슨 말을 하려는지 들어나 보자."라는 태도여서 비판하거나 진지하게 수용할 의지가 없었다면, 설령 대화 당시에는 주의 깊게 들었더라도 기억에는 잘 남지 않을 것이다.

마지막으로 상대방의 주장이 나의 주장을 기각하고 새로운 믿음이 형성되어야 한다. 이는 기존에 동성혼을 반대하거나 별 생각이 없던 내가 동성혼 찬성 주장을 받아들인다는 의미다. 이때 동성혼을 찬성하는 상대방 주장의 근거가 약하거나 거짓 정보에 기초했다고 판단한다면, 나는 기존의 입장을 바꾸지 않거나 바꾸더라도 찬성하는 정도는 약할 것이다. 특히 내가 동성혼에 대해 강경한 반대 입장을 취해왔다면, 시민적 역량이 증가하기 위해서는 더 강한 수준의 동성혼 찬성 근거와 기존 근거 비판 등이 필요할 것이다.

이러한 일련의 과정은 시민 스스로가 일상에서 인위적인 노력을 할 때 시민적 역량이 증대될 수 있다고 이해할 수 있다. 어떤 주장에 대해 생각해본다는 것은 단순히 그 주장을 이루고 있는 단어의 배열을 떠올린다는 의미가 아니라, 기존의 자신의 주장과 비교하는 과정을 거쳐 나의 입장을 재구성하는 상태까지를 의미하는 것이다.

만약 루피아의 주장을 위와 같이 해석하는 데 무리가 없다면, 심의민주주의를 이론적으로 옹호하는 구딘(Robert E. Goodin)의 "내재적 심의(deliberation within)" 역시 시민적 역량을 증가시키기 어렵다고 할 수 있다. 설령 구딘의 이론이 심의의 초점을 정치적 의견이 다른 상대방과의 대화에만 맞추어 머릿속에서 주장을 정리하는 과정이 상대적으로 경시된 부분을 짚어내고 있음에도 그렇다. 내재적 심의란 각자의 머릿속에서 일어나는 심의로, 실제 다른 사람과 대화를 하는 것은 아니지만 자기자신과 담화를 나누는 것과 같기 때문에 가설적으로 상상된 토의

(hypothetical imagined discourse), 또는 내부 반성적(internal-reflective) 심의라 할 수 있다.[44] 이러한 개념은 머츠의 심의 민주주의를 이론적으로 보완할 수 있는 것으로 보인다. 교차노출이 이루어진다고 해서 반드시 시민의 역량이 증대되는 것은 아니지만, 시민 스스로가 각자의 머릿속에서 상대방의 주장을 되새기고, 자신의 원래 입장과 비교해보는 심의과정을 거친다면 시민적 역량이 증가해서 결과적으로 심의 민주주의가 더 나은 사회를 만들 수 있지 않겠냐는 것이다.

그러나 구딘은 이상적인 수준에서 심의를 옹호하고 있고, 루피아는 역량개발 메커니즘에 따라 심의만으로 시민적 역량이 쉽게 증대되지 않는다는 주장을 하고 있다. 루피아의 관점에서 내재적 심의가 시민적 역량을 증대시키는지 확인하려면, 내재적 심의를 조작적으로 정의한 후 검증한 결과가 역량개발 메커니즘의 세 가지 조건을 만족해야 한다. 그러나 내재적 심의는 역량개발 메커니즘의 첫 번째와 세 번째 조건을 고려하지 않는다. 다시 말해 내재적 심의가 일어나기 전에 우선적으로 대화 상대방의 주장을 왜곡해서 받아들이지 않아야 하고, 상대방의 의견이 기존에 가진 정치적 믿음을 바꿔야 시민적 역량이 증대되었다 할 수 있는데, 이 부분은 내재적 심의의 개념상 알 수 없다. 또한 내재적 심의가 두 번째 조건과만 관련 있다 하더라도, 얼마나 많은 인위적인 노력을 기울어야 하는지도 분명하지 않다. 위에서 언급한 바와 같이, 상대방의 주장을 다시 떠올릴 시간적 여유가 없거나, 진지하게 수용하지 않았다면 주장 자체를 온전히

---

44 Robert E. Goodin, "Democratic Deliberation Within," *Philosophy & Public Affairs*, 29(1): 2000, 81-109.

기억하기 어려울 것이다. 상대방의 주장에서 기억하지 못한 부분을 자신의 생각으로 채운 상태에서 이루어지는 자신과의 담화가 내재적 심의로써 교차노출을 보완할 수 있다고 하기는 어려워 보인다.

또한 구딘 스스로도 내재적 심의가 정치적 절차에서의 심의를 보완할 뿐 다른 사람과의 심의를 대체할 수 없다고 명시적으로 밝히고 있다.[45] 왜냐하면 내재적 심의에서는 각 시민에게 자신들의 의견을 강요하는 "타인"이 없어 다른 의견을 무시해버리거나, 비현실적인 주장도 의심하지 않고 받아들일 수 있기 때문이다.[46] 이는 첫 번째 조건인 상대방의 주장을 잘 주목해야 내재적 심의가 의미 있을 수 있다고 이해된다. 그러나 마찬가지로 교차노출 시 집중력, 상대 주장의 복잡성, 상대 주장에 주목할 유인, 상대방에 대한 신뢰 등이 영향을 미친다. 이 요소들이 하나라도 우호적이지 않다면(예를 들어 집중력이 매우 낮은 상태이거나, 굳이 그 주장을 들을 필요가 없다고 판단하는 경우 등), 시민적 역량이 증대되기 위한 첫 단계부터 어려움에 봉착한다고 할 수 있겠다.

정리하면, 구딘의 주장은 현실에서 머츠가 조작화한 심의에 따라 반대관점에 노출된 개인이 내재적 심의를 통해 각자의 의견을 재구성하되, 우선 반대관점에 노출되어야 내재적 심의가 이를 보완하는 측면에서 필요하다고 이해할 수 있다. 그렇기 때문에 인지적 관점에서 심의의 시민적 역량 증대 조건을 밝히는 루피아의 비판은 여전히 유효하다. 즉, 시민적 역

---

45 Robert E. Goodin, *Innovating Democracy: Democratic Theory and Practice After the Deliberative Turn* (Oxford: Oxford University Press, 2008), pp. 39–40.

46 자세한 내용은 Goodin, "Democratic Deliberation Within," pp. 99–106를 참조하라.

량은 내재적 심의를 통해 증대될 수 있는 것이 아니라, 어떠한 형태의 심의이든 역량개발 메커니즘에 제시되는 과정을 거쳐야 시민적 역량이 증대될 수 있다는 것이다.

2) 심의의 현실적 이해

그렇다면 심의를 통한 시민적 역량의 증대는 현실에서 어떻게 이해되는가? 위 예를 다시 들면, 나와 같이 동성혼 찬성으로 입장을 선회한 시민들이 많아지면 동성혼에 우호적인 문화가 조성될 것이다. 이러한 상황에서 동성혼 금지는 헌법 제11조 제1항[47]과 헌법 제36조 제1항[48]에 위반된다며 헌법소원이 제기되었을 때, 헌법재판소는 동성애자의 결혼할 권리를 긍정적으로 검토할 것이다. 보다 적극적으로는 동성혼을 찬성하는 시민단체 등이 활발하게 활동해 관련 법안이나 정책 등을 통과시키도록 의회나 행정부를 압박하거나, 아예 동성혼을 찬성하는 사람들이 입후보할 수도 있다. 즉, 시민적 역량의 증대는 궁극적으로 정치 문화와 제도의 변화를 이끌어내려는 것으로 이해할 수 있다.

이러한 설명에서 이끌어낼 수 있는 함의는 무엇인가? 첫째, 심의를 통해 기대할 수 있는 시민적 역량은 시민들이 자연스레 정치적 관점이 다른 사람들과 대화한다고 해서 쉽사리 증대될 수 있는 것이 아니다. 심의가 실질적으로 작동하기 위해서는 시민적 역량을 높일 수 있는 국가적 차원의

---

47 모든 국민은 법 앞에서 평등하다. 누구든지 성별·종교 또는 사회적 신분에 의하여 정치적·경제적·사회적·문화적 생활의 모든 영역에 있어서 차별을 받지 아니한다.

48 혼인과 가족생활은 개인의 존엄과 양성의 평등을 기초로 성립되고 유지되어야 하며, 국가는 이를 보장한다.

인위적인 노력이 필요하거나, 나아가 심의는 그 개념상 현실적용이 불가능하고 시민은 정치 엘리트의 정치적 동원(mobilization)에 의해 수동적, 반작용적으로 대응하는 것에 불과할 수 있다. 시민적 역량이 정치 문화와 제도를 변화시킬 수 있지만, 시민적 역량 역시 이미 존재하는 제도의 제약을 받고 있기 때문이다. 예를 들어 언론에 보도되는 여러 정치적 사건들은 시민들의 심의를 거친 의지가 의회에 반영된 결과라기보다는, 이슈를 만들고 비판하는 여당과 야당의 입장이 언론을 통해 대중에 전달된 결과라 할 수 있다. 시민들은 사실상 정당이 만든 정치적 이슈를 소비하는 것이다. 또한 현대사회의 정치적 이슈는 내용이 복잡해 이해 자체가 어렵고, 설령 이해 가능하더라도 정보 접근의 한계 등으로 그 이슈가 사실인지 아닌지 판단하기 어렵다. 예를 들어 언론으로 정보를 접하는 시민들은 동북아의 안보정세가 어떻게 변하고 있는지 정확히 알기 어려우며, 현재 영향을 받고 있는 경제정책이 어느 정부에서 시행되었고 어떠한 메커니즘을 통해 작동하고 있는지, 정책 목표와 현실적용 간 어떤 차이가 있는지 정확히 알기 어렵다. 따라서 시민들은 관련된 모든 정보를 파악한 후 정책 평가를 하기보다는, 제한된 정보를 바탕으로 자신의 가치관이나 경험 등 주관적인 부분이 개입되어 특정한 관점을 형성한 후에 어떤 정책을 찬성 또는 반대한다고 볼 수 있다. 시민들은 이러한 과정을 거쳐 형성된 자신의 관점을 토대로 정치적 관점이 다른 사람과 심의하는 것이다. 만약 시민들이 심의를 하는 것보다 심의를 하도록 만드는 환경을 조성하고 그 결과를 적용하는 정치 엘리트들의 역할이 실질적으로 더 크다고 판단한다면 심의 민주주의가 현실에서 설 자리는 상당히 제약될 것으로 보인다.

둘째, 심의를 통해 시민적 역량이 증대되더라도, 이러한 결과가 실제 제도와 문화에 반영된다고 보기 어렵다. 설령 정치적으로 반대 관점에 노출되기만 해도 시민적 역량이 증대된다고 해도, 심의를 택해야 한다는 머츠의 주장은 규범적인 문제가 있기 때문이다. 게다가 규범적 문제를 차치하더라도 현실적 문제가 제기된다. 이미 언급한 바와 같이, 머츠는 참여와 심의가 상충해 발생하는 모순을 극복하는 네 가지 선택지 모두를 기각한다. 그러나 머츠는 세 번째 선택지(사회적 관계와 사회적 조화의 가치를 낮춘다)를 택한 것으로 이해할 수 있다. 교차노출을 늘린다는 의미는 많은 수의 약한 유대를 가져야 하고, 이때 평균적으로 네트워크 내에서 친밀함이 낮아질 수 있음을 감안한다는 의미인데, 이는 교차노출을 통해 얻게 될 이익(정치적 관용의 증대)이 그로 인해 발생하는 비용(네트워크 내에서 친밀함이 낮아질 가능성)보다 크다고 보는 것이기 때문이다.

그런데 개인은 각자가 중시하는 가치가 다를 수 있다. 어떤 사람은 정치적 가치를 중시해 머츠의 주장에 동의할 수 있지만, 어떤 사람은 안정적 인간관계에서 오는 편안함과 같이 정치적이지 않은 가치를 중시할 수도 있다. 예를 들어 사업가는 인간관계에서 경제적 가치가 가장 중요하기 때문에 주변 사람들과 정치적 분란을 피하려 할 수 있고, 작곡가는 인간관계에서 음악적 영감을 얻는 일이 가장 중요해 정치적 대화를 거의 나누지 않을 수도 있다. 그럼에도 이 사람들은 정치적 대화를 가끔 나눌 때 적극적으로 자신의 의견을 표현하지 않음으로써 정치적으로는 동질적인 네트워크를 유지하고 있을 수 있다. 그렇다면 네트워크의 이질성을 높여야 한다는 머츠의 주장은 네트워크에서 정치적 가치를 그다지 중시하지 않는 사람들까지도 네트워크 이질성을 높여야 한다는 의미이거나, 정치적 가치를 중시하는 사람들에게만 적용된다고 할 수 있다. 만약 전자와 같이 주장하려면, 머츠는 개인에게서 정치적 가치가 다른 가치보다 우선시되어야 하는 이유를 설득력 있게 제시해야 한다. 만약 후자와 같은 주장을 한다면,

정치적 가치가 상대적으로 덜 중요하다고 생각하는 사람들에게는 그다지 의미가 없을 것이다.

그러나 머츠의 주장은 전자의 방식으로만 이해될 수 있다고 본다. 왜냐하면 정치적 가치를 덜 중시하는 사람들에게 네트워크 이질성을 늘리지 않아도 된다는 주장은 사실상 이 사람들의 시민적 역량을 증대시키는 것을 포기한다고 이해할 수 있기 때문이다. 그렇다면 머츠의 결론은 현실에서 얼마나 많은 사람들이 정치적 가치를 중시하는지에 따라 그 의미가 달라질 뿐이다. 따라서 현실에서 참여와 심의가 상충할 때 심의를 택해야 한다는 주장은 정치적 가치가 중요하지 않다고 생각하는 사람까지 네트워크 이질성을 높여야 하고, 결과적으로 정치적 가치가 다른 가치보다 중요하게 고려되어야 하는 이유를 정당화해야 한다. 현대 사회에서 이를 정당화하기는 쉽지 않아 보인다. 개인이라는 개념이 등장하고 구체화되면서 각자는 각자가 가치 있다고 여기는 것을 스스로 설정하고 추구할 수 있고, 개인들이 가지는 가치의 차이는 있을 수 있어도 우열은 있을 수 없다는 인식이 존재하기 때문이다.

이러한 어려움에도 불구하고, 개인이 스스로 설정한 가치를 자유롭게 누리기 위해서라도 개인을 구속하는 공동의 규칙을 만드는 정치적 자유가 필요하다는 방식으로 정당화할 수 있다고 하자. 그러나 설령 정당화가 가능하다고 하더라도, 정치적 가치를 덜 중시하는 사람에게 정치적 가치가 중요함을 어떻게 설득할 수 있는가에 대한 현실적인 문제는 여전히 해결되지 않는다. 사람들은 정치적 가치가 우선적으로 필요하다는 주장을 받아들일 수 있는 시민적 역량이 충분해야 한다. 즉, 역량 개발 메커니즘의 세 단계를 거쳐야만 정치적 가치가 다른 가치보다 우선시되어야 한다는 주장이 시민들에게 받아들여질 수 있다. 이는 시민들에게 심의의 중요성을 이해시키고 참여와 심의 중 심의를 선택하도록 하는 일은 역설적으로 심의가 이루어질 수 있는 여건이 전부 갖춰져 있는 시민 이어야만 가능하다는 것을 의미한다. 그런데 이미 시민적 역량을 갖추고 있는 사람들이 사회에 많다면, 그 사회는 심의가 잘 이루어지고 있다고 할 수 있을 것이다. 달리 말하면 시민적 역량이 그다지 높지 않아 심의가 잘 이루어지고 있지 않은 사회는 심의가 중요하다는 주장이 받아들여지기 어렵기 때문에 심의 수준이 증가하기 어렵다는 의미이기도 하다. 결국 시민적 역량과 제도 사이의 관계는, 머츠의 주장과 이에 대한 비판이라는 맥락에서는 제도의 확립이 시민적 역량의 증대를 이끌어낸다고 볼 수 있다. 심의가 가능한 시민은 제도에 의해 만들어져야 하는 것이다.

(5) 다시, 심의 민주주의 이해하기

결론적으로, 심의 민주주의 이론은 정치적 참여와 정치적 심의가 모순 없이 이해될 수 있다는 정치 이론가들의 주장과 달리, 참여 민주주의 이론과 근본적으로 양립 불가능하다. 심의는 시민들의 정치적 관용을 증대시키는 데 효과가 있지만 관점 수용 능력이 낮은 사람일 경우에는 관용이 증가하지 않았고, 양가성과 사회적 책임을 크게 느끼는 경우 정치적 참여가 감소하였다. 이러한 결론을 도출하는 과정에서 머츠 이론의 논리적 일관성이 결여된 부분이나, 실험 및 설문조사가 타당하게 구성되지 않은 부분은 찾을 수 없었다. 그러나 심의 민주주의를 검증하는 것은 궁극적으로 현실에서 심의가 어떤 가치가 있는지를 알기 위함이라는 점을 고려한다면, 머츠의 이론에서는 온라인 상의 교차노출은 직접적인 교차노출과 다른 양상을 보일 수 있다는 점이 포착되지 않았고, 사회적 맥락이 개인의 정치 성향에 직접적으로 영향을 미칠 수 있다는 점이 배제되었다는 평가가 가능하다. 또한 머츠의 배제한 심의의 수준을 고려했을 때 머츠의 결과와 정반대의 결과가 발생할 수 있고, 머츠가 정의한 심의만으로 시민적 역량이 증대되기는 어렵다는 점을 확인했다. 추가적으로 참여와 심의가 상충하는 상황에서 심의를 택해야 한다는 머츠의 주장은 정치적 가치가 다른 가치보다 우선될 수 있는가 하는 문제에 직면하게 됨을 알 수 있었다. 이는 구체적으로 심의가 작동하기 위한 공간은 정치적 동원 등에 의해 실질적으로 제약될 수 있거나, 잘 작동하기 위해서는 합당한 다원주의의 현실 속에서 정치적 가치를 중시하지 않는 사람에게까지 어떻게 정치적 자유를 중시하도록 할 수 있는가에 대한 문제가 제기된다. 따라서 머츠가 검증한 것과, 의도적이든 아니든 검증하지 않은 것, 심의를 선택했을 때 의미를 종합적으로 고려해볼 때, 자유주의로 민주주의를 길들이려는 문제인식 하에서 심의 민주주의 이론이 정치적으로 관용적인 시민을 만드는 것은 현실적인 수준에서 성공했다고 보기 어렵다.

따라서 심의 민주주의를 현실에 적용하기 위해서는 인간의 지적 능력과 심리적 가정 등을 현실적으로 구축할 필요가 있다. "~해야 한다(ought to)"는 형태의 당위를 주장하기 위해서는, 인간은 우선 그 행위를 "할 수 있음(able to)"이 전제되어야 한다. 머츠가 심의 민주주의를 검증하면서 참여와 심의를 동시에 추구하는 것이 불가능함을 밝혔지만, 조작적으로 정의한 심의 역시 이상적인 심의 민주주의에서 도출한 것이기 때문에 현실의 인간이 심의를 통해 더 나은 시민이 될 수 있는지는 판단하기 어렵다. 심의 민주주의의 이상과 현실사이 간극은 여전히 멀어 보인다.

제2부

정보의 대칭성과 자유무역: 로비활동의 공개를 중심으로

박지혜 |

1. 서론

무역 자유화는 세계 경제에 있어 되돌릴 수 없는 질서이다. 1994년 체결된 우루과이 라운드가 새로운 세계 무역 질서의 신호탄을 쏘아 올린 이후로, 20여년 만에 400개가 넘는 지역 무역 협정이 체결되었다. 이러한 경향은 이전의 국제 정치 경제 연구에서 세계적으로 확산되는 민주화의 당연한 결과로 인식되었다. 민주주의 국가들은 독재국가들보다 무역협정 체결에 더 협력하는 경향이 있으며, 따라서 이들은 양자적이든 다자적이든 간에 자유 무역의 급속한 확장에 기여한다고 알려졌다.[1]

1 Edward D. Mansfield, Helen V. Milner and B. Peter Rosendorff, "Free to Trade: Democracies, Autocracies, and International Trade," *American Political Science Review* 94(2): 2000, 305–21.

그러나, 자유 무역에 참여하는 민주주의 국가들 내에서의 다양성은 지금까지 흔히 다뤄지는 주제가 아니었다. 그 동안의 연구는 주로 민주주의와 권위주의 간의 무역 정책의 차이에 초점을 맞춰왔다.[2] 권위주의와 비교했을 때, 민주주의 국가에서는 일반적으로 집권 정부가 정치적 지지 세력을 결집하기 위해 선출인단("selectorate")을 확장한다.[3] 민주화가 됨에 따라 집권 정부는 지지 세력을 늘리기 위해 더 많은 노동 자원을 소유한 이들의 물가 인하 요구를 고려해야 하는 반면, 권위주의 정부는 지지층 내부의 결속을 강화하기 위하여 무역 장벽을 사용하는 것이 유리하다.[4]

이 접근법은 민주주의 국가가 더 무역 지향적이 되는 일반적인 경향에 대해 정당한 설명을 제공하지만, 민주주의 내에서도 어떠한 정치적 과정을 거쳐 유권자들의 이익이 정부의 결정에 반영되는지 설명하지 못한다. 게다가 민주주의 국가 내에서 다양한 형태로 존재하는 국내 정치적 제도의 중요성에 대한 강조는 다소 약했다. 국가가 민주화의 어떤 단계에 속하는지에 따라 정치 제도의 형성이 결정되며, 특정 기관의 존재나 부재는 정부의 정책 결정에 대한 유권자들의 지분을 높이거나 축소시키는 데 상

2 Edward D. Mansfield, "The Proliferation of Preferential Trading Arrangements," *Journal of Conflict Resolution* 42(5): 1998, 523–43; Mansfield, Milner and Rosendorff (2000); Helen V. Milner and Keiko Kubota, "Why the Move to Free Trade? Democracy and Trade Policy in the Developing Countries," *International Organization* 59(1): 2005, 107–43.

3 Bruce Bueno de Mesquita, James D. Morrow, Randolph M. Siverson and Alastair Smith, "An Institutional Explanation of the Democratic Peace," *American Political Science Review* 93(4): 1999, 791–807.

4 Milner and Kubota (2005)

당한 영향을 미친다.[5] 이는 더 나아가 민주주의 국가 내에서조차 무역 장벽에 대한 선호를 달리하게 한다. 따라서, 자유 무역에 대한 선호도가 민주주의 국가들 간의 제도적 차이에 따라 어떻게 달라질 수 있는지를 보다 더 정밀하게 설명하기 위해서는 이러한 세부사항들을 고려하는 것이 필수적이다.

이와 같이 새로운 설명이 필요하기에 본 연구는 다양한 민주국가들 내에서도 다양한 정치 제도의 세부사항에 초점을 맞추고 있다. 특히 선진 민주주의 국가 내의 정치 제도들이, 특히 이 경우에는 로비 활동의 공개가 무역 정책에 대한 정부의 결정을 어떻게 구체화하는지를 중점적으로 다룬다. 이 연구는 선진 민주주의 국가에서 로비 활동의 공개는 자유 무역을 촉진한다는 것을 보여준다. 이러한 주장은 로비 정보의 공개[6]로 정보의 비대칭성이 감소[7]함에 따라 교섭력을 발휘할 수 있게 된 유권자들이 어떻게 재선 지향적인 현직의 효용 함수에 제약을 행사하는지, 이것이 어떻게 로비의 선택에 대한 제한으로 이어져 자유 무역이라는 결과를 도출하는지를 보여줌으로써 검증된다.

최근 들어 선진 민주 국가들이 오랜 기간 동안 베일에 싸여 있던 로비 활동을 대중에게 공개하기 시작하였다. 로비 활동의 공개를 법제화한

---

5 Adam Przeworski, Michael E. Alvarez, José Antonio Cheibub and Fernando Limongi, Democracy and Development: *Political Institutions and Well-Being in the World*, 1950–1990 (Cambridge: Cambridge University Press, 2000).

6 Timothy Besley and Stephen Coate, "Lobbying and Welfare in a Representative Democracy," *The Review of Economic Studies* 68(1): 2001, 67–82.

7 Justin Fox, "Government Transparency and Policymaking," *Public Choice* 131(1):2007, 23–44.

국가의 수가 근 10년 만에 두 배 이상 증가하였다.[8] 본 연구에서 선진 민주국가라 함은 2010년부터 2017년까지 총 8년 동안 연속으로 Polity IV 데이터셋에서 추출한 Polity 점수가 8점 이상이었던 국가들을 의미한다. 8점을 기준으로 삼은 이유는 0부터 10까지의 점수 분포에서 8점이 평균으로부터 2 표준 편차 내에 있기 때문이다. 선진 민주주의의 특정 제도가 어떻게 특수 및 일반 이익과 상호 작용하여 무역 정책을 형성하는지를 면밀히 검토함으로써, 이 연구는 국내 정치의 영역 내에서 성숙한 제도를 확립하는 것을 통해 전 세계적으로 자유 시장 관행이 어떻게 더 번성할 수 있는지에 대한 하나의 방안을 제시한다고 볼 수 있다.

본 논문은 다음과 같이 전개된다. 우선, 이론 부분에서는 기존의 게임 이론적 수리 모델[9]을 개량한 모델을 제시한 후 경제 상황의 기본적인 설정과 게임에 참여하는 각 행위자의 효용 함수를 설명한다. 본 이론은 로비 활동이 공개된 상황에서 자유 무역을 균형점으로 제시한다. 통계적 검증 부분에서는 이론으로부터 도출된 가설들의 타당성을 회귀 분석 결과를 통해 검증한다. 마지막으로는 결론을 제시한 후 본 연구가 시사하는 바를 다룬다.

---

8 2000년을 기준으로 약 7개국 정도만이 로비 활동의 공개에 대한 법률을 갖추고 있었다. 2010년을 기준으로 15개국이 로비 활동을 법률에 따라 공개하고 있다.

9 Gene M. Grossman and Elhanan Helpman, "Protection for Sale," *The American Economic Review* 84(4): 1994, 833–50.

2. 수리 모델[10]

우선, 정부와 기업(로비)의 효용 함수를 도출하기 위한 경제적 상황을 가정해보자. 정부의 효용 함수는 재집권 확률을 포함한다. 이 모델은 정보의 대칭성을 가정하는데, 로비 활동이 공개됨에 따라 투명성이 확보되었기 때문이다. 이 모델은 두 단계로 이뤄진 게임으로서, 첫번째 단계에서는 정부의 효용함수로부터 발생하는 제약 조건 하에서 기업이 정부에 로비할 때의 순차게임 완벽 내쉬 균형(subgame perfect Nash equilibria)을 구하고, 다음 단계에서는 정부가 내쉬 균형의 참값(true Nash equilibrium)에 도달할 수 있는 정책을 고른다. 이 모델은 기업의 로비 활동의 공개가 로비의 공탁금을 제한해 결과적으로 정부가 자유 무역 정책을 채택한다는 것을 보여준다.

3. 경제 상황에 대한 가정

이 모델에서는 국내 가격 p_i가 외부 가격 p_i^*에 영향을 주지 않는 작은 개방 경제를 가정한다. 각각의 로비 i(i=1, 2, ⋯, n)는 상품 i를 생산하는 산업 i의 이해를 대변한다. 제품 0은 단위가격재화로서 국내 가격과 외부 가격 모두 1이다. 개인은 상품 i를 소비함으로써 개인의 효용을 극대화

---

10 본 모델은 Grossman and Helpman(1994)의 변형된 형태를 기반으로 한다. 따로 명시되지 않은 한 제시된 모든 가정들은 원래 모델의 것들을 따른다.

하려 하는데, 이는 수리적으로 $u=x_0+\sum_{i=1}^{n}u_i(x_i)$와 같이 나타낼 수 있으며, x_0는 상품 0의 소비를 나타내고 마찬가지로 x_i는 상품 i의 소비를 나타낸다. 이 식 안에 종속된 효용함수 $u_i(\cdot)$는 미분가능한 증가함수이며 단조 오목함수(strictly concave)이다. 상품들을 소비하여 얻는 소비자 잉여는 $s(\boldsymbol{p})\equiv\sum_i u_i[d_i(p_i)]-\sum_i p_i d_i(p_i)$와 같이 표현되며, 수요 함수 $d_i(\cdot)$는 $u'_i(x_i)$의 역함수이다. 모든 상품 i를 생산하기 위해 투입된 노동과 기술은 규모수확불변(constant returns to scale, 모든 생산요소의 투입량이 k배 증가할 때 산출량도 k배 증가)의 성질을 갖는다고 가정한다. 상품 0은 생산에 있어 오직 노동만 투입되었으며 투입-산출 계수가 1이다. 충분히 많은 양의 노동이 투입되어 지속적으로 양의 공급이 가능한 것으로 가정하며, 따라서 경쟁적 균형에서의 급여율(wage rate)은 1이다. 상품 i의 생산에 있어 사용된 특정 요소에 대한 총보상은 $\pi_i(p_i)$로 표현되는데, 이는 급여율이 1로 고정되어 있기 때문에 오직 상품 i의 국내 가격에만 영향을 받는다.

원래 모델의 기본 가정에 따르면, 정부가 선택할 수 있는 정책은 오직 무역세 부과 혹은 보조금 지원뿐이다. 관세는 종가세로 가정한다. 외부 가격보다 높은 국내 가격은 수입 관세 혹은 수출 보조금으로 이해될 수 있으며, 이는 해당 상품의 성질에 따라 결정된다. 그 반대의 경우는 수출세 혹은 수입 보조금으로 이해된다. 모든 세금과 보조금을 합하면 정부의 1인당 총 수익이 아래와 같이 도출된다.

$$r(\boldsymbol{p}) = \sum_i(p_i-p_i^*)\ [d_i(p_i)-\frac{1}{N}y_i(p_i)]$$

N은 총 투표자 수이며, $\pi_i(p_i)$의 미분계수인 $y_i(p_i)$는 상품 i의 국내 산출량을 나타낸다. 이 수익은 정부에 의해 투표자들에게 동등히 분배된다.

어떤 상품 i의 특정 생산 요소를 가진 개인의 수가 충분하다면 그들은 정부의 정책 결정에 영향력을 행사하기 위해 로비 i를 형성할 수 있다. 이는 로비가 정부에 제공하는 청탁금(contribution)으로 실현되는데, $C_i(\boldsymbol{p})$로 표기된다. 로비 i에 속한 모든 개인들이 누리게 될 총이익, 혹은 총후생은 $B_i=W_i(\boldsymbol{p})-C_i(\boldsymbol{p})$로 나타낼 수 있다. 여기서 $W_i(\boldsymbol{p})=l_i+\pi_i(p_i)+\alpha_i N[r(\boldsymbol{p})+s(\boldsymbol{p})]$는 로비 i의 총청탁금에 상응하는 로비 전체의 이익이며, l_i는 총노동공급량이자 노동소득인데 이는 급여율이 1로 고정되어 있기 때문이다. α_i는 총인구 중 로비에 속한 개인의 비율을 나타낸다. 로비의 총이익인 B_i는 로비 i에 의해 먼저 정해진 후 청탁금인 $C_i(\boldsymbol{p})$가 결정된다. 로비의 청탁금 결정 과정은 뒷 부분에서 자세히 다루도록 하겠다.

집권 정부의 효용은 로비들로부터 거둬들이는 청탁금의 총액과 총투표인구의 총후생의 합으로 이뤄진다. 집권 정부는 이해 관계에 따라 청탁금과 사회 후생에 각기 다른 비중을 둘 수 있는데, 이는 보통 정치 체제 형태에 따라 달라진다고 알려져 있다.[11] 이는 다음과 같은 수식으로 표현될 수 있다.

$$G = a_1 \sum_{i\in L} C_i(\boldsymbol{p})+a_2 W(\boldsymbol{p})$$

a_1과 a_2는 음수가 아닌 모든 실수값을 가질 수 있다. 사회 총후생인 $W(\boldsymbol{p})$는 $W(\boldsymbol{p})=l+\sum_{i=1}^{n}\pi(p_i)+N[r(\boldsymbol{p})+s(\boldsymbol{p})]$와 같이 나타낼 수 있다. 위에 제시된 집권 정부의 효용 함수 중, 집권 정부가 사회 후생에 두는 비중

11 Mansfield, Milner and Rosendorff (2000)

a_2는 로비 활동이 공개되지 않았을 경우 그 값이 어떻게 책정되는지 다음 장에서 보도록 하겠다.

4. 로비 활동의 공개 효과

이 글에서 로비활동이 공개되는 유인들 자체에 대해서는 상술하지 않겠다. 다만 어떠한 대외적 혹은 대내적 요인들이 로비 활동의 공개를 법제화하도록 결정하는 데에 있어 영향을 미친다고 상정한다. 로비 활동이 공개된다면 대중은 로비들이 정부의 정책 결정에 있어 얼마나 영향력을 행사하는지, 또 그 과정에서 정부가 혹여 사회 후생을 감소하는 방향으로 정책을 수립하는지 등을 알 수 있게 되어 결과적으로 정부의 정책 결정 과정에 교섭력을 행사할 수 있다. 투표자의 교섭력은 다음과 같이 표현할 수 있다.

$$v(s, e, q) = q\{se + (1-s)(1-e)\}$$

$s \in \{0, 1\}$는 로비가 정부에 청탁을 함으로서 발생하는 임의의 사회 현상 두 가지를 나타내며, $e \in \{0, 1\}$는 대중에게 주어진 정보가 현상 s와 일치하는지 여부를 나타내는 변수이다. q는 대중이 정치적 영역에 활발히 참여하는 정도를 나타내는 임의의 음이 아닌 실수이다. 로비 정보의 공개는 $s=e$로 표현될 수 있다. 즉, 로비의 청탁 활동 내역과 대중이 알고 있는 내용이 같은 것이다. 반면 로비 정보가 공개되지 않는 경우는 $s \neq e$로 표현될 수 있다. 위의 수식을 통해 알 수 있는 것은 투표자의 교섭력이 정부와 투표자 간에 정보 대칭성이 확립되었을 경우에만 행사될 수 있다는 것

이다. 투표자의 교섭력인 v는 곧 a_2와 같은데, 이는 앞서 정부 효용 함수에 등장했던 정부가 사회 후생에 두는 비중을 나타낸 것이다.

한 가지 가정을 더 추가하자면, 투표자들은 집권 정부를 재신임할 때 그들의 목표인 사회 후생의 증가, 즉 $a_2\nabla w(\boldsymbol{p})\geq 0$의 달성 여부만을 따진다. 여기에서 투표자들의 목표를 사회 후생 총량의 단순한 증가가 아닌 사회 후생의 그래디언트값이 증가하는 것으로 설정한 이유는 다음과 같다. 정보 불확실성 하의 유권자들은 그들이 얻는 실제 이득보다는 눈에 띄는 경제적 성과에 따라 현재의 성과를 판단하는 반면, 일단 이러한 불확실성이 해소되면 유권자들은 그들의 실질적인 이해관계에 맞는 후보를 선출하게 된다.[12] 즉, 정보의 비대칭성이 해소된 경우 투표자들은 눈속임용 정책의 결과에 매몰되지 않고 실질적으로 자신들의 이익을 실현시킨 경우에 한해 집권 정부를 재신임하게 되는 것이다. 반면 비대칭성이 해소되지 못한 경우, 투표자들은 실질적인 이익 실현에 대한 정확한 평가가 불가능하게 된다.

집권 정부의 재신임 확률은 다음과 같은 수식으로 표현될 수 있다.

$$r = x+(1-x)\rho\,(x\in\{0,\ 1\},\ \rho\in[0,\ 1])$$

$x=0$일 때는 정부가 투표자들의 목적을 실현시키지 못한 경우나 혹은 투표자들에게 로비 정보가 공개되지 않은 경우이다($s\neq e$). 반면 $x=1$일 때는 투표자들에게 로비 정보가 공개되어($s=e$) 투표자들의 목적이 정부의

12 Joseph E. Harrington, “Economic Policy, Economic Performance, and Elections,” *The American Economic Review* 83(1): 1993, 27–42.

정책 결정에 의해 실현된 경우를 나타낸다. $\rho\in[0, 1]$는 집권 정부의 재신임 확률을 나타내는 임의의 값인데 집권 정부에 대한 투표자들의 지지 이외의 외부적 요소들에 영향을 받는다.

재신임 확률을 포함하여 재정립한 정부의 효용함수는 아래와 같다.

$$G = r + a_1 \sum_{i\in L} C_i(\boldsymbol{p}) + a_2 W(\boldsymbol{p})$$

5. 청탁금 게임

위의 함수들과 주어진 제약 조건들을 고려하며 로비들과 정부 간의 두 단계 게임을 고안할 수 있다. 이른바 '청탁금 게임'인데, 1단계에서 로비들이 서로간의 협의없이 독자적으로 정부에 청탁금을 내면 2단계에서 정부가 정책을 결정한다. 정부가 선택하게 될 모든 국내 가격 벡터들은 최소값 $\underline{p}_i$와 최대값 $\bar{p}_i$을 갖는 집합 P안에 속한다. 이 게임은 순차게임 완전 내쉬균형을 설정하는 데에 있어 원래 모델에서 따랐던 Bernheim and Whinston (1986)의 부명제 2의 조건들을 그대로 따른다. 조건들은 다음과 같다.

① C_i°는 모든 $i\in L$에 대해 실현가능하다.

② $\boldsymbol{p}^{\circ}$는 $r+a_1 \sum_{i\in L} C_i^{\circ}(\boldsymbol{p})+a_2W(\boldsymbol{p})$을 최대화한다.

③ $\boldsymbol{p}^{\circ}$는 $\forall j\in L$에 대해 P에 속한 $W_j(\boldsymbol{p})-C_j^{\circ}(\boldsymbol{p})+r+a_1 \sum_{i\in L} C_i^{\circ}(\boldsymbol{p})+a_2W(\boldsymbol{p})$을 최대화한다.

④ P에서 $\boldsymbol{p}^j = argmax[r+a_1 \sum_{i\in L} C_i^{\circ}(\boldsymbol{p})+a_2W(\boldsymbol{p})]$, 따라서

$$C_j^{\circ}(\boldsymbol{p}^j)=0,\ \ \forall j\in L$$

조건 ①은 로비의 청탁금이 음의 값을 가질 수 없으며 그들의 총소득을 넘을 수 없다는 것을 보여준다. 조건 ②는 정부가 로비의 청탁금 지원 계획 하에서 자체의 후생을 극대화하기 위한 무역 정책을 선택한다는 것을 뜻한다. 조건 ③은 다른 로비들의 청탁금 지급 계획은 주어진 것으로 가정했을 때 균형 가격 벡터가 모든 로비 j와 정부의 결합 후생을 극대화시켜야 한다는 것을 보여준다. $W_i(\boldsymbol{p})$에서 $C_j^{\circ}(\boldsymbol{p})$을 뺀 스칼라 값인 B_j는 로비 j가 정부에 청탁금을 냄으로써 얻는 순이익이다. 이 모델에서 알 수 있는 것은 바로 로비들이 이 스칼라 값 B_j을 설정함으로써 청탁금의 액수를 결정한다는 것이다. 이 조건은 결합 후생이 극대화되지 않은 상태에서 로비 j가 청탁금 지원 계획을 재설정하여 정부가 로비와 정부 모두에게 최적인 가격 벡터를 선택하도록 유도할 수 있음을 함의한다. 조건 ④는 로비들의 청탁금 순서쌍들을 따라 그려진 정부의 무차별 곡선이 로비 j가 청탁금을 내지 않는 순서쌍도 포함할 수 있다는 것을 뜻한다.

로비의 청탁금 지원 계획은 원래 모델에서 가정했듯이 균형 가격 벡터인 $\boldsymbol{p}^{\circ}$ 지점에서 미분가능한 함수들이기 때문에 조건 ③을 만족하는 일계 조건(First－order condition)은 다음과 같다.

$$\nabla W_j(\boldsymbol{p}^{\circ})-\nabla C_j^{\circ}(\boldsymbol{p}^{\circ})+a_1\nabla\sum i\in L\, C_i^{\circ}(\boldsymbol{p}^{\circ})+a_2\nabla W(\boldsymbol{p}^{\circ})=0,\ \ \forall j<L \quad \text{(a)}$$

정부의 효용인 G를 극대화하기 위한 일계 조건은 다음과 같다.

$$a_1\nabla\sum i\in L\, C_i^{\circ}(\boldsymbol{p}^{\circ})+a_2\nabla W(\boldsymbol{p}^{\circ})=0 \quad \text{(b)}$$

(a)와 (b)를 더하면 다음과 같다.

$$\nabla C_i^{\circ}(\boldsymbol{p}^{\circ}) = \nabla W_i(\boldsymbol{p}^{\circ}),\ \forall j \in L \tag{c}$$

(c)가 의미하는 것은 각 로비가 정부의 정책 선택에 따른 로비의 총후생의 한계 변화량에 맞춰 청탁금을 지급한다는 것이다. 로비 i의 청탁금 지급 계획은 다음과 같이 표현된다.

$$C_i^T(\boldsymbol{p}, B_i) = \max[0,\ W_i(\boldsymbol{p}) - B_i] \tag{d}$$

원래의 모델에서 이 성질은 청탁금 지원 계획의 "국소순수성(local truthfulness)"[13]이라고 명명했는데, 균형점 근처에서의 로비의 순수 기호(true preference)를 나타내기 때문이다. 국소 순수성의 성질을 갖는 청탁금 지원 계획은 다음과 같은 성질을 갖는다.

$$\boldsymbol{p}^{\circ} = argmax_{\boldsymbol{p} \in L}[\textstyle\sum_{j \in L} W_j(\boldsymbol{p}) + a_2 W(\boldsymbol{p})] \tag{e}$$

여기에서는 국소순수성과 그 성질들을 다루기 보다는 주어진 조건들로 상정하고 논의를 전개하도록 하겠다.

(c)를 i에 대해서 모두 더한 후 그 결과를 (b)에 치환하면 다음과 같은 등식이 성립된다.

$$\nabla \textstyle\sum_{i \in L} W_i(\boldsymbol{p}^{\circ}) + a_2 \nabla W(\boldsymbol{p}^{\circ}) = 0 \tag{f}$$

이는 (e)의 일계 조건이며 $\boldsymbol{p}^{\circ}$를 극대화하기 위해 필수적인 조건이다.

---

13 뜻을 정확히 옮길 수 있는 용어가 마땅치 않아 임의로 번역하였다.

앞서 〈로비 활동의 공개 효과〉 부분에서 검토했듯이, 정부는 투표자들의 목적인 한계 후생을 증가시키는 것에 직면하게 된다. 앞서 로비 활동이 공개된다는 것을 가정했기 때문에 투표자들의 교섭력인 v가 양의 실수값을 갖게 되어 곧

$$a_2 \nabla W(\boldsymbol{p}^{\circ}) \geq 0 \tag{g}$$

의 조건이 성립하게 된다.

(f)와 (g)를 합하면 다음이 도출된다.

$$\textstyle\sum_{i \in L} \nabla W_i(\boldsymbol{p}^{\circ}) \leq 0 \tag{h}$$[14]

따라서 로비 활동이 공개된 상황에서는 균형 가격 벡터가 어떤 로비 i의 한계 후생을 감소시키거나 현상유지되도록 한다는 것을 확인할 수 있다.

위와 같은 조건들을 고려했을 때, 정부는 무역 정책에 있어 어떤 선택을 하는지 다음의 과정을 통해 볼 수 있다. 우선, (h)를 다시 정리하면 다음과 같은데,

$$\textstyle\sum_{i \in L} \dfrac{\partial w_i}{\partial p_j} = (I_j - \alpha_L) y_j(p_j) + a_L(p_j - p_j^{*}) m'_j(p_j) \leq 0 \tag{i}$$[15]

여기서 $I_j = \sum_{i \in L} \delta_{ij}$는 값이 1일 경우 산업 j의 이익 집단이 형성되었

---

14 왜냐하면 $a_2 \nabla W(\boldsymbol{p}^{\circ}) \geq 0$일때$-\nabla \sum_{i \in L} W_i(\boldsymbol{p}^{\circ}) = a_2 \nabla W(\boldsymbol{p}^{\circ})$이기 때문이다.

15 $\dfrac{\partial w_i}{\partial p_j} = (\delta_{ij} - \alpha_i) y_i(p_j) + \alpha_i(p_j - p_j^{*}) m'_j(p_j)$. 여기에서 $m_j(p_j) \equiv N d_j(p_j) - y_j(p_j)$는 총수입 수요함수이고 δ_{ij}는 지시변수로서 $i=j$일때 값이 1이며 $i \neq j$인 경우값이 0이다.

음을 뜻하며, 0일 경우에는 그렇지 않다. $\alpha_L = \sum_{i \in L} \alpha_i$는 총 인구수 N 중 로비에 속하는 투표자들의 수를 뜻한다. 이 모델에서 α_L는 충분히 0에 가까운 어떤 값이라고 가정하는데, 그 이유는 실제 상황에서도 이익 집단 회원의 수는 총 투표자 수에 비해 현저히 적기 때문이다. 이 글은 로비들과 정부 간의 상호작용이 정부 정책 결정에 어떠한 영향을 미치는지 보는 데에만 한정되어 있으므로 로비가 형성되지 않은 산업과 조직된 산업 간의 경쟁은 배제하고 로비 간의 경쟁만 보도록 하겠다. 따라서 I_j는 (i)에서 1의 값을 갖는다.

(i)로부터 다음이 도출되는데,

$$p_j - p_j^* \geq 0 \tag{j}$$

$(1-\alpha_L)y_j(p_j) \geq 0$과 $m'_j(p_j) < 0$의 성질을 갖기 때문이다.

그러나, 만약 $p_j - p_j^* > 0$이면, 로비 i의 한계 후생은 감소하게 된다.[16] 로비 i가 공탁금을 내지 않는다면 조건 ④에 의해 상품 j의 국내 가격을 국외 가격보다 높이 유지하려는 로비 j의 요구가 관철되는 반면 로비 i는 정부의 정책 결정에 어떠한 영향력도 행사할 수 없다. 따라서 로비 i는 로비 j의 요구를 저지하여 상품 j의 국내 가격이 국외 가격과 동일하게 유지

16 이는 다음을 통해 쉽게 확인할 수 있다. $\frac{\partial w_i}{\partial p_j} = -\alpha_i y_j(p_j) + \alpha_i(p_j - p_j^*)m'_j(p_j)\,(i \neq j)$. $-\alpha_i y_i(p_j) < 0$이고 $m'_j(p_j) < 0$이면 $p_j - p_j^*$를 0보다 크게 유지시킬 경우 $\frac{\partial w_i}{\partial p_j}$를 더욱 감소시킨다.

되도록 만들어야 한다. 이는 $p_j = p_j^*$로 표현되며, 즉 자유 무역을 뜻한다. 이 상황은 로비 j에도 똑같이 적용된다. 로비 i는 정부가 p_i를 p_i^* 보다 높게 책정하게끔 유도할 것이고, 로비 j는 위와 같은 논리로 이를 저지할 것이다. 따라서, 균형가격벡터 $\boldsymbol{p}^\circ$는 로비가 형성된 산업군들 모두에 걸쳐 자유 무역 결과를 포함하게 된다.

요약하자면, 지금까지 서술한 수리 모델은 로비 활동 내역의 공개로 인해 선택지가 제약된 로비와 정부가 자유 무역 정책이라는 균형점에 도달하는 과정을 보여주었다. 이러한 결과를 도출하는 데에 중요한 역할을 한 조건은 유권자들의 한계 후생이 음수가 아니도록 규정한 (g)이다. 위의 모델이 경험적으로 타당한지 검정하기 위해 다음과 같은 가설을 도출하였다.

- **가설 1:** 로비 활동의 공개가 법제화된 국가는 그렇지 않은 국가보다 자유 무역에 참여할 가능성이 더욱 높다. 또한, 모델에서는 $v(s, e, q)$함수에 포함된 유권자의 교섭력 q의 크기에는 관계없이 로비 활동의 공개가 유권자들의 교섭력 자체를 활성화하는 것만을 고려하였으나 실제 세계에서는 교섭력의 크기가 자유 무역의 결과를 도출하는 데에 유의미한 영향을 미칠 수 있다. 이를 검증해보고자 다음과 같은 가설을 도출하였다.
- **가설 2:** 로비 활동이 공개된 국가 중에서도 유권자의 교섭력이 더욱 큰 국가일수록 자유 무역 정책이 더욱 빈번히 시행된다.

6. 통계적 검정

위의 모델에서 확인할 수 있듯이, 로비 활동이 공개된 국가의 집권 정부는 로비들 간의 내쉬 균형인 자유 무역 정책을 시행하게 된다. 가설 1을 검정하고자 다음과 같은 최소제곱추정 회귀분석 모형을 생각해 볼 수 있다.

$$FTA = \beta_0 + \beta_1 Lobby\ Legalization + \beta_2 GDP + \beta_3 GDP\ per\ capita + \beta_4 GDP\ growth + \beta_5 Import\ Penetration + \beta_6 Export\ Dependency + \beta_7 Government\ Spending + \beta_8 Voter\ power + \beta_9 Membership + e_i$$

변수들을 설명하기 전, 모든 변수는 2010년부터 2017년까지 축적된 횡단면 자료의 평균값을 취한다는 것을 알린다. 시계열 횡단면 자료를 사용하지 않고 횡단면 자료의 평균값만을 취하게 된 이유는 몇몇 연도에 유실된 값들이 있기 때문이었다.

종속 변수는 해당 국가가 2010년부터 2017년까지 체결한 자유 무역 협정(이하 FTA)의 평균 개수이다. 여기에서 FTA는 GATT협정 25조에 따라 세계무역기구(이하WTO)에 보고된 것들로 한정하며, 조항에 명시된 대로 경제 통합 협정 (economic integration agreement) 또한 포함한다. 자료는 세계 은행(World Bank)에서 2010년부터 2017년까지 축적한 WITS 데이터베이스를 이용하였다. 앞서 밝혔듯이 이 연구는 선진 민주 국가들의 자유 무역 행태에 초점을 맞추기 때문에 분석 대상 국가를 2010년부터 2017년까지의 Polity IV 데이터셋에서 Polity 점수가 항상8 이상이었던 52개국[17]으로 한정하였다. 자료 관측치가 적고 쏠림이 있어 R의 e1071 패키

지를 이용하여 쏠림을 보정하였고, 값들에 로그를 취했다.[18]

독립변수인 Lobby Legalization은 이항변수로서 해당 국가가 로비 활동을 공개하는지 여부를 나타낸다. 값이 1인 경우 로비 활동이 공개된 것을 뜻하며, 0인 경우 그렇지 않다. 2010년을 기준으로 52개국 중 17개 국가에서 로비 활동이 공개되고 있다.[19]

몇 가지 거시경제적 요소들을 통제 변수로 사용했다. 첫번째 통제 변수는 GDP로, 미국 달러로 표시된 값에 로그를 취했다. GDP는 해당 국가의 경제 규모를 나타내는데, 국가의 경제 규모가 클 수록 무역에 활발히 참여한다[20]는 것을 통제하기 위해 사용되었다. 경제 성장 지표인 1인당 GDP또한 통제 변수로 사용되었는데, 신흥 국가들이 기존의 선진국들 보다 FTA에 더 많이 참여한다는 연구 결과가 있기 때문이다.[21] 이 변수 또한

---

17 아르헨티나, 호주, 오스트리아, 벨기에, 보츠와나, 브라질, 불가리아, 캐나다, 칠레, 코스타리카, 크로아티아, 키프로스, 체코, 덴마크, 에스토니아, 핀란드, 프랑스, 독일, 그리스, 과테말라, 헝가리, 인도, 아일랜드, 이탈리아, 일본, 레소토, 리투아니아, 룩셈부르크, 모리셔스, 멕시코, 몰도바, 네덜란드, 뉴질랜드파나마, 페루, 필리핀, 폴란드, 포르투갈, 루마니아, 슬로바키아

18 Douglas G. Altman and J. Martin Bland, "Detecting skewness from summary information," British Medical Journal 313(7066): 1996, 1200.

19 18개국은 호주, 오스트리아, 캐나다, 칠레, 크로아티아, 프랑스, 독일, 아일랜드, 이탈리아, 리투아니아, 멕시코, 네덜란드, 페루, 폴란드, 루마니아, 슬로베니아, 영국 그리고 미국이다. 칠레와 영국은 2010년부터 2017년까지의 기간 중 중간인 2014년에 로비 활동의 공개를 법제화하였지만 데이터에 포함시켰는데 그 까닭은 두 국가가 해당 기간 중 후반부에 체결한 FTA들이 로비 활동의 공개에 영향을 받았다고 추정되기 때문이다.

20 Dani Rodrik, "Sense and Nonsense in the Globalization Debate," *Foreign Policy* (107): 1997, 19–37.

21 Dani Rodrik, "Political Economy of Trade Policy," *Handbook of International Economics* (3): 1995, 1457–94; William Easterly and Sergio Rebelo, "Fiscal Policy and Economic Growth: An

비대칭도를 교정하고자 모든 값에 로그를 취하였다. 1인당 GDP를 통제하는 것과 같은 이유로 GDP 성장율(%)도 통제 변수에 포함되었다.[22] 더 나아가 수입 점유 정도와 수출 의존도 또한 통제하였다. 두 변수 모두 GDP에 대한 % 비율로 표현된다. Import penetration은 2010년부터 2017년까지의 기간 이전 3년 동안 수입 대 GDP 비율의 평균값이다.[23] 이는 보호주의적 요구가 증가하는 수입 수요에 직면했을 때 무역 협정에 미칠 수 있는 부정적 영향을 고려하기 위해서이다. Export dependency는 2010년부터 2017년까지 수출 대 GDP 비율의 평균값이며, 수출 의존도가 높은 국가일수록 경제 부양을 위해 무역 협정에 더욱 활발히 참여할 수 있다는 사실을 통제하기 위해 포함시켰다.[24] Government spending은 무역 의존도가 높은 국가일수록 GDP 대비 정부 지출이 더욱 크다는 사실을 통제하기 위해 추가한 변수이다.[25] 위의 모든 변수들은 2010년부터 2017년까지의 WITS World Bank 데이터셋에서 추출하였다.

Empirical Investigation," *Journal of Monetary Economics* 32(3): 1993, 417–58.

22 James Cassing, Timothy J. McKeown and Jack Ochs, "The Political Economy of the Tariff Cycle," *American Political Science Review* 80(3): 1986, 843–62.

23 Daniel Y. Kono, "Optimal Obfuscation: Democracy and Trade Policy Transparency," *American Political Science Review* 100(3): 2006, 369–84.

24 Daniel Trefler, "Trade Liberalization and the Theory of Endogenous Protection: An Econometric Study of U.S. Import Policy," *Journal of Political Economy* 101(1): 1993, 138–60; Ronald Rogowski, "Trade and the variety of democratic institutions," *International Organization* 41(2): 1987, 203–23.

25 Alícia Adserà and Carles Boix, "Trade, Democracy, and the Size of the Public Sector: The Political Underpinnings of Openness," *International Organization* 56(2): 2002, 229–62.

표-1은 2010년부터 2017년까지 각국이 체결한 FTA 개수의 평균값을 종속 변수로, 로비 활동 공개 여부를 나타내는 이항 변수를 독립 변수로 둔 최소제곱법 회귀 모형들(통제 변수 포함) Voter power 변수는 유권자들의 교섭력을 나타낸 수식에서 q에 대응한다. 유권자들이 얼마나 활발히 정치적 상황에 참여하는지 보기 위해 이 변수는 Polity IV 데이터 중 POLCOMP와 PARREG 변수를 더하여 만들었다. 현재로서는 유권자들의 정치 참여 정도를 직접적으로 측정한 자료가 없기 때문에 선거 경쟁력과 정치적 집회가 방해되지 않는 정도, 이 두 개념에 착안하였다. PARREG와 POLCOMP 두 변수 모두 1부터 5까지의 값을 갖기 때문에 Voter power 변수는 2부터 10까지의 값을 갖는다. 10이 가장 활발한 참여를 나타낸다.

Membership은 복합 더미 변수(composite dummy variable)로서 해당 국가가 특정 무역 조합에 속하는지를 나타낸다. 분석 대상인 52개국 중 그 어떤 국가도 두 개 이상의 조합에 속하지 않기 때문에 각각 더미 변수를 부여하기 보다는 복합 더미 변수를 적용하였다. 무역 조합으로는 EU, EFTA, CACM, MERCOSUR과 SACU가 있다. 만약 한 국가가 앞의 조합들 중 특정 하나에 속하면 더미 변수 값은 1이며 그렇지 않을 경우 0의 값을 갖는다.

자료 관측에 편향성이 있었는지 확인하기 위해 다중공변성을 검토하였다. 각 변수의 분산 인플레이션 계수(Variance Inflation Factor, 이하 vif)를 확인하였으며, 그 어떤 변수도 vif 값이 3을 넘지 않았다. 즉, 모든 변수는 서로 독립적이라고 봐도 무방하다. 모든 거시경제적 통제 변수들은 정규 분포에 가까운 분포를 보였으며, voter power 변수는 이항 분포를 갖는 것으로 확인되었다.

표-1. OLS Regression Results

	FTA			
	(1)	(2)	(3)	(4)
Lobby Legalization	0.018*	0.020***	0.018**	0.062*
	(0.009)	(0.007)	(0.007)	(0.033)
GDP	0.001	-0.0003	-0.0005	-0.0005
	(0.003)	(0.003)	(0.003)	(0.002)
GDP per capita	-0.008	-0.0004	0.0004	0.001
	(0.006)	(0.005)	(0.005)	(0.005)
GDP growth (%)	-0.005	-0.001	-0.001	-0.001
	(0.003)	(0.003)	(0.002)	(0.002)
Import Penetration	0.003*	0.003**	0.003**	0.003**
	(0.002)	(0.001)	(0.001)	(0.001)
Export Dependence	0.023**	0.019**	0.018**	0.017**
	(0.010)	(0.008)	(0.008)	(0.008)
Government Spending	0.014	0.007	0.005	0.003
	(0.019)	(0.014)	(0.014)	(0.014)
Voter Power			0.002	0.003*
			(0.002)	(0.002)
Membership		0.041***	0.040***	0.041***
		(0.007)	(0.007)	(0.007)
Lobby Legalization* Voter Power				-0.005
				(0.004)
Constant	2.988***	2.948***	2.937***	2.931***
	(0.104)	(0.080)	(0.079)	(0.079)
N	52	52	52	52
R^2	0.252	0.578	0.595	0.613
Adjusted R^2	0.133	0.500	0.509	0.519
Residual Std. Error	0.028	0.021	0.021	0.021
	(df=44)	(df=43)	(df=42)	(df=41)
F Statistic	2.117*	7.368***	6.865***	6.492***
	(df=7; 44)	(df=8; 43)	(df=9; 42)	(df=10; 41)

*p<.1, **p<.05, ***p<.01

7. 결과

표-1의 첫번째 열과 두번째 열은 Voter power 변수를 제외한 가장 기초적인 모델로서 로비 활동의 공개가 FTA를 체결하는 데에 미치는 기본적인 효과를 보고자 하였다. 모델 (1)에서 Lobby legalization변수의 계수가 양의 값을 가지며 통계적으로 매우 유의미함을 확인할 수 있고, 모델 (2)에서는 membership 변수의 통제를 거치면 lobby legalization 계수의 통계적 유의미도가 더욱 높아짐을 알 수 있다. 이러한 결과는 가설 1이 타당함을 뒷받침한다. 즉, 선진 민주 국가 중에서도 로비 활동이 공개된 국가는 그렇지 않은 국가보다 자유 무역에 참여할 가능성이 더욱 높다.

Voter power 변수를 추가하여 유권자의 교섭력 정도에 대해 통제한 모델을 살펴보면, 표-1의 세번째 열에서 볼 수 있듯이 Lobby legalization 변수의 통계적 유의미도는 통제 변수에 영향을 받지 않았다. 그러나 Voter power 변수 자체는 통계적으로 유의미하지 않고 계수값이 양의 값을 갖는 데에 그쳤다. 이를 종합하자면 유권자의 교섭력 정도 자체만으로는 정부가 FTA를 체결하는 데에 영향을 줄 수 없으며 로비 활동의 공개를 통해 정보 비대칭성이 해소되어야만 비로소 힘을 발휘하는 것이라 해석할 수 있다.

이를 기반으로 가설 2를 검증하기 위해 Voter power 변수와 Lobby legalization 변수의 상호작용을 추가한 모델을 살펴보았다. 이 모델은 표 1의 4번째 열에서 확인할 수 있다. 두 변수의 상호작용 효과를 추가했을 때, 앞서 모델 (3)에서는 통계적으로 유의미하지 않았던 Voter power 변수가 Lobby legalization 변수와 더불어 통계적으로 유의미한 값을 갖는다. 그러나, 상호작용 변수 자체는 유의확률(p-value)이 0.1보다 약간 높은 0.197로 통계적으로 유의미하지 않다. 다만 상호작용 효과를 추가한 후 총 효과 크기가 lobby legalization 변수의 값이 0일 때보다 1일 때 더 크다는 것에 주목할 필요가 있다. 이는 로비 활동이 공개가 되어 유권자들과 정부 간의 정보 비대칭성이 해소되었을 때 유권자들의 교섭력이 클 수록 자유 무역 결과를 도출하는 데에 더 큰 영향력을 행사할 수도 있음을 시사한다.

8. 결론

지금까지 선진 민주 국가에서 로비 활동의 공개가 어떻게 더욱 빈번한 FTA의 체결을 이끌어내는지 살펴보았다. 수리 모델을 통해 로비 활동의 공개가 정부와 유권자 간의 정보 비대칭성을 해소하여 유권자의 교섭력이 집권 정부의 목표 함수를 재설정한다는 것을 확인할 수 있었다. 로비의 총 후생은 집권 정부의 재설정된 효용 함수에 의해 제약을 받고, 따라서 내쉬 균형점으로 로비들은 자유 무역에 도달한다. 이는 정부 입장에서는 최적화된 선택지로, 로비들로부터 여전히 최대치의 공탁금을 지원받을 수 있기 때문이다. 더 나아가 통계적 검증을 통해 위와 같은 주장이 타당한지 검증하고자 하였다. 거시경제적 요인과 유권자의 교섭력을 통제하였을 때 로비 활동이 공개되는 국가가 그렇지 않은 국가에 비해 FTA에 더욱 빈번히 참여한다는 것을 확인할 수 있었다.

이론과 자료 분석 모두 위의 주장에 유리한 결과를 보여주지만, 이번 연구에서 아쉬운 지점들을 꼽자면 다음과 같다. 하나는 데이터의 관측 수가 모자랐다는 것이다. 대부분의 국가들이 최근에야 로비를 합법화하기 시작했기 때문에, 상당수의 국가가 2010년경 로비 활동의 공개를 법제화했다는 실정을 반영하기 위하여 데이터의 기간을 2010년부터 2018년까지로 제한해야 했다. 기간이 짧았기 때문에, 이 기간 동안 체결된 무역 협정 수는 매년 평균 1.7개 정도에 그쳤다. 이는 필연적으로 종속변수에 상당한 왜곡을 초래할 수밖에 없었다. 이와 더불어 상호작용 변수가 통계적으로 유의미하지 않았던 것에도 영향을 미친 것으로 추측된다. 게다가 부분적으로 누락된 자료 때문에 시계열 횡단 데이터를 이용한 패널 회귀 분석을 실시할 수 없었다. 이후의 연구에서는 데이터셋의 개선을 통해 이러한 데이터 관련 문제를 해결할 수 있으리라 기대한다.

위와 같은 한계점들이 존재하지만, 이번 연구는 자유 무역 협정을 체결하는 주요 당사자들을 이해하는 새로운 관점을 제시한다는 의의가 있다. 민주주의 국가들은 권위주의 국가들보다 자유 무역에 참여할 확률이 높다는 기존의 주장[26]과 민주주의 국가들은 서로 무역 협정을 체결하기 위해 협력한다는 주장[27]을 기반으로 민주주의 국가들 내에서의 정치적 제도의 차이가 자유 무역에 대한 선호를 어떻게 결정하는지 그 논의를 확장하였다고 볼 수 있다.

---

26 Milner and Kubota (2005)

27 Mansfield, Milner and Rosendorff (2000)

제3부

교란으로서의 외교: 강압적 외교에서의 언어적 신호와 조작

정준혁

자유민주주의 국가는 무정부적인 국제 질서 하에서 때때로 외부의 국가들에 의해 위협을 받는다. 특히 그러한 위협이 자유민주주의라는 체제 자체에 대한 공격인 경우, 그것은 주로 권위주의 독재 국가들에 의한 것일 때가 많다. 자유민주주의 국가의 존재 자체가 자신들의 압제를 불합리한 것으로 보이게 만드는 중요한 체제 위협 요인 중 하나이기 때문이다. 이러한 독재 국가들은 대부분 국내적으로 압제를 행사할 뿐 아니라, 미사일이나 핵무기와 같은 대량 살상 무기를 만들어 자신들이 느끼는 자유민주주의 국가로부터의 체제 위협을 극복하고자 한다. 이러한 무기들은 유사시 전쟁 준비를 위한 성격도 있지만, 평상시에는 외교용으로 사용된다. 토머스 셸링(Thomas Schelling)은 이처럼 군사적 옵션을 통해 상대국에 위협을 가함으로써 자신이 원하는 바를 관철시키려는 외교 협상 과정을 "위기 협상(crisis bargaining)" 또는 "강압적 외교(coercive diplomacy)"라고 부른다.[1] 실제로 세계 도처의 자유민주주의 국가들은 여러 권위주의 국가들과 위기 협상을 진행 중에 있다. 가장 대표적인 것은 단연코 미국으로, 미소 냉전은 물론 냉전이 지난 후에도 이라크, 이란, 북한, 베네수엘라, 중국 등 세계 각지의 권위주의 국가들과 실제 교전 또는 군사적 옵션을 동원한 강압적 외교를 진행하였다.

강압적 외교는 전쟁 위협을 통해 실제 전쟁을 치르지 않고도 자신의 목적을 달성할 수 있게 해준다는 점에서 많은 국가들에 의해 효율적인 이익 추구의 수단으로 활용된다. 하지만 이는 실제 전쟁 위협을 통해 전쟁 발발 가능성을 높인다는 점에서 심각한 위험성을 지니고 있기도 하다. 하지만 이러한 효율성과 위험성은 모두 위협을 받는 상대방이 그 위협을 어떻게 인식하느냐에 따라 결정되는 문제이다. 만약 위협이 전혀 신뢰성이 없다고 판단된다면, 상대방은 강압적 외교를 통해 전달되는 정보를 한 귀로 듣고 한 귀로 흘려버릴 것이다. 그렇다면 어떤 채널을 통해 전달되는 정보가 신뢰성 있는 정보라고 할 수 있을까? 기존 학자들의 전형적인 대답은, 그 위협을 전달하는 데 실제 비용이 소모되는 유형의 신호들만이 신뢰할 만하다는 것이다. 굳이 비용을 들이며 위협할 정도로 그 위협을 통해 얻고자 하는 바에 대한 의지가 크다는 것을 상대방이 인식할 수 있기 때문이다.

반면, 단지 말로만 전해지는 위협은 흔히 신뢰성이 없는 것으로 간주된다. 그 말이 진실인지 거짓인지 확인할 방법이 없기 때문이다. 때문에 학자들은 보통 외교를 통해서만 전달되는 정보를 무의미한 것으로 치부한

---

1 Thomas C. Schelling, *Arms and Influence: With a New Preface and Afterword* (New Haven and London: Yale University Press, 2008).

다. 하지만 자유민주주의 국가에게 있어서 외교는 여러모로 체제 유지를 위해 소중한 수단이다. 특히 그러한 국가들이 내세우는 자유와 인권의 가치를 고려할 때, 위기의 외교적 해결은 군사적 긴장 고조를 막는다는 점에서 국가 이미지 제고에 중요한 역할을 하기도 한다. 그리고 이를 아는 많은 자유민주주의 국가들은 외교를 통해 현재도 많은 논의와 협상들을 진행하고 있다. 이러한 생각을 염두에 두고, 이 장에서는 외교가 위기 협상에서 쓸모 없는 형식적, 상징적 의례에 불과하다는 이러한 통념이 올바른 것인지 검토해보고자 한다.

1. 신뢰할 수 없는 말들: 합리주의 테제

국가의 지도자들이 다른 국가와의 전쟁을 준비하고 있거나 다른 국가의 침략에 대해 대비하고 있을 때 상대 국가에 외교관 또는 사절을 보내 교섭을 펼친다는 것은 역사상으로도 많은 사례들에 의해 뒷받침되는 사실이다. 20세기 이후만 보더라도 영국과 프랑스의 파쇼다 위기, 프랑스와 독일의 모로코 위기, 히틀러와 체임벌린의 회담, 케네디 시절의 쿠바 미사일 위기와 닉슨 시절의 시엔푸에고스 위기(Cienfuegos Crisis), 키신저와 저우언라이의 밀담 등 전쟁이 발발할 위기 시에는 각국의 외교부 수뇌급 이상의 지도자들－심지어 수반들－이 직접 교섭을 진행하는 것이 일반적이다. 그런데 한 국가가 다른 국가에 향후 자신의 행동에 대한 언질을 주기 위해 위협이나 양보 따위의 의사를 표명하는 방법에 외교적 신호를 사용하는 방법만 존재하는 것은 아니다. 가령, 군사력을 증강하거나 군대를 재배치하는 등 전쟁 준비와 직접적으로 관련된 신호를 줄 수도 있고, 대국민담화나

TV 토론회와 같이 외교적 채널이 아닌 대중매체를 통해 에둘러 신호를 전달하는 것도 가능하다.

그렇다면 무슨 목적으로 위기 시에 지도자들은 시간과 비용을 들여 수뇌부 간 외교를 진행하는 것일까? 다른 신호 전달 방식과 달리 외교만이 갖고 있는 독자적인 또는 독보적인 기능이 있다면 그것은 무엇인가? 외교를 통해 전달받은 정보는 다른 정보들에 비해 신뢰성이 높다고 할 수 있는가? 이와 같은 물음들에 대해 기존 협상 이론가들, 또는 합리주의자들은 다음과 같이 답변해왔다. 합리주의자들은 오직 말로만 전달되는 위협이나 양보는 그것을 지키지 못하더라도 비용이 들지 않기 때문에 누구나 제시할 수 있는 것이고, 때문에 신뢰성을 측정할 수 없다고 주장한다.[2] 또한 그들 중 온건한 일부만이 상당히 제한적인 상황 조건 하에서만

2 James D. Fearon, "Rationalist Explanations for War," *International Organization* 49(3): 1995, 379–414; James D. Fearon, "Signaling versus the Balance of Power and Interests: An Empirical Test of a Crisis Bargaining Model," *Journal of Conflict Resolution* 38(2): 1994, 236–69; Darren Filson and Suzanne Werner, "A Bargaining Model of War and Peace: Anticipating the Onset, Duration, and Outcome of War," *American Journal of Political Science* 46(4): 2002, 819–37; Bahar Leventoglu and Amer Tarar, "Prenegotiation Public Commitment in Domestic and International Bargaining," *American Political Science Reivew* 99(3): 2005, 419–33; Zeev Maoz, "Resolve, Capabilities, and the Outcomes of Interstate Disputes, 1816–1976," *Journal of Conflict Resolution* 27(2): 1983, 195–229; James D. Morrow, "Capabilities, Uncertainty, and Resolve: A Limited Information Model of Crisis Bargaining," *American Journal of Political Science* 33(4): 1989, 941–72; Robert Powell, "War as a Commitment Problem," *International Organization* 60(1): 2006, 169–203; William Reed, "Information, Power, and War," *American Political Science Review* 97(4): 2003, 633–41; Alastair Smith and Allan C. Stam, "Bargaining and the Nature of War," *Journal of Conflict Resolution* 48(6): 2004, 783–813; R. Harrison Wagner, "Bargaining and War," *American Journal of Political Science* 44(3): 2000, 469–84.

외교가 신뢰성을 담보한 정보 전달의 수단이 될 수 있다고 생각한다.

합리주의자들은 근본적으로 국제 관계가 최고 주권자가 존재하지 않는 무정부적 상황이라는 현실주의자들의 가정을 받아들인다.[3] 현실주의자들은 무정부적 상황이 그 자체로 국가들 간의 경쟁과 나아가 전쟁을 유발하는 근본 원인이라고 생각한다.[4] 그들에 따르면, 상대국이 어떤 의도를 가지고 있건 그 국가의 군사력과 경제력이 증가할 경우 장래에 그 국가가 자국을 해치려는 의도를 갖더라도 손쓸 방도가 없기 때문에 모든 국가는 사전에 그러한 상황을 예방하려는 동기를 갖게 된다. 때문에, 가령, 한 국가가 군사력을 증강시킨다면 그에 따라 다른 국가도 군사력을 강화하는 무한한 군비 경쟁이 발생하고, 불안감이 극대화되어 "지금이 아니면 안 된다." 식의 논리(now－or－never logic)가 작용한다면 미래의 비극을 예방하기 위한 전쟁을 일으키게 되는 것이다.

합리주의자들은 국제 관계의 무정부성에 대한 가정을 받아들이기는 하지만, 그러한 상황이 반드시 언젠가 전쟁이라는 비극으로 이어질 것이라는 현실주의자들의 결정론적 사고에 동조하지는 않는다. 합리주의자들은 대신 무정부적인 국제 관계의 구조로 인해 상대방의 의도가

3 Kenneth N. Waltz, *Theory of International Politics*, 1st ed. (New York: McGraw Hill, 1979).

4 이러한 주장은 공격적 현실주의자(offensive realist)와 방어적 현실주의자(defensive realist) 모두에 의해 지지되는 공통 주장이다. 공격적 현실주의의 대표 저작에는 John J. Mearsheimer, *The Tragedy of Great Power Politics* (New York: W. W. Norton, 2001)가 있으며, 방어적 현실주의에 대해서는 Stephen M. Walt, *The Origins of Alliance* (Ithaca: Cornell University Press, 1990); Charles L. Glaser, Rational *Theory of International Politics: The Logic of Competition and Cooperation* (Princeton: Princeton University Press, 2010); Shiping Tang, *A Theory of Security Strategy for Our Time: Defensive Realism* (New York: Palgrave Macmillan, 2010)을 참조하라.

무엇인지 파악하기 어려워지는 불확실성이 발생할 뿐이라고 주장을 약화시킨다. 어떤 정보가 신뢰할 만한 정보인지 검증해줄 수 있는 제도적 장치가 결여되어 있기 때문에 각국은 자국의 군사력이나 경제력, 의지(resolve) 등에 대해 사적 정보를 갖고 있다는 것이다. 이러한 정보의 비대칭성(informational asymmetry)이 반드시 그 자체로 무력 충돌을 불러 일으키는 것은 아닌데, 왜냐하면 이러한 상황 속에서도 국가들이 상대국을 당장 침략하거나 또는 장래에 국력을 키워 압력을 행사하지 않을 것이라는 약속을 서로 신뢰할 수 있는 방식으로 맺는다면 전쟁이라는 큰 비용 소모를 피할 수 있기 때문이다.

바로 이런 의미에서 한 국가가 위기 협상에서 우위를 점하기 위해 사적 정보를 의도적으로 사실과 다르게 제시할 전략적 유인이 존재할 때 전쟁이 발발할 수 있다는 것이 합리주의자들의 주된 생각이다.[5] 그와 같은 전략 중 대표적인 것이 엄포 놓기(bluffing)로, 이는 자신의 약점을 감추기 위해 의도적으로 상대방에게 강한 국가만이 할 법한 위협을 하는 행위이다. 반대로, 전략적 또는 전술적 목표를 달성하기 위해 의도적으로 정예 병력이나 특수부대 등의 존재를 감추는 것도 정보의 비대칭성을 활용해 협상에서 유리한 고지를 점하고자 하는 전략 중 하나이다. 이러한 전

---

5 Fearon (1995); Morrow (1989). 이에 대한 합리주의자의 내적 비판은 Powell (2006)을, 합리주의 밖에서의 비판은 Jonathan Kirshner, "Rationalist Explanations for War?" *Security Studies* 10(1): 2000, 143–50; David A. Lake, "Two Cheers for Bargaining Theory: Assessing Rationalist Explanations of the Iraq War," *International Security* 35(3): 2010–11, 7–52; Philip Streich and Jack S. Levy, "Information, Commitment, and the Russo–Japanese War of 1904–1905," *Foreign Policy Analysis* 12(4): 2016, 489–511을 참조하라.

략들은 잘못된 정보를 통해 상대방으로 하여금 전쟁 승리 가능성과 전쟁 시 발생하는 비용과 편익에 대한 분석에서 오류를 범하게 만든다. 자국이 당장 전쟁을 하면 전쟁을 이길 수 있다는 과신과 보다 작은 규모의 비용을 지불하고 최대 효용을 얻을 수 있을 것이라는 인지적 착오가 전쟁을 불러 일으키는 주요 요인으로 꼽힌다는 점에서 이는 저비스(Robert Jervis)나 화이트(Ralph White) 등의 인지심리학적 접근과 맥을 같이 한다.[6] 다만 그러한 착오의 원인을 정보의 비대칭성이라는 상황적 요인에 돌리기 때문에, 합리주의자들은 지도자들이 합리적임에도 불구하고 그들이 잘못된 정보를 얻을 수밖에 없는 상황으로 말미암아 인지적 오류가 발생했다고 본다는 점에서 차이가 있다.

이러한 오류로 인한 전쟁을 막기 위해 합리주의자들은 신호를 보내는 것만으로도 상당한 비용을 부담해야 하는 값비싼 신호(costly signal)를 보

6 Robert Jervis, *The Logic of Images in International Relations* (Princeton: Princeton University Press, 1970); Robert Jervis, "War and Misperception," *Journal of Interdisciplinary History* 18(4): 1988, 675–700; Robert Jervis, *Perception and Misperception in International Politics: With a New Preface* (Princeton and Oxford: Princeton University Press, 2017); Ralph K. White, *Nobody Wanted War* (New York: Doubleday Anchor, 1968). 이외에도 이와 맥을 같이 하는 연구로, Richard Ned Lebow, *Between Peace and War: The Nature of International Crisis* (Baltimore and London: Johns Hopkins University Press, 1981); Jack S. Levy, "Misperception and the Causes of War," *World Politics* 36(1): 1983, 76–99; Jennifer Mitzen and Randall L. Schweller, "Knowing the Unknown Unknowns: Misplaced Certainty and the Onset of War," *Security Studies* 20(1): 2011, 2–35; Glenn H. Snyder and Paul Diesing, *Conflict among Nations: Bargaining, Decision Making, and System Structure in International Crises* (Princeton: Princeton University Press, 1977); Arthur Stein, "When Misperception Matters," *World Politics* 34(4): 1982, 505–26; John D. Steinbruner, *The Cybernetic Theory of Decision: New Dimensions of Political Analysis* (Princeton: Princeton University Press, 1974) 등이 있다.

냄으로써 상대방에게 자신이 그만큼 당면한 사안에 대해 강한 의지를 지니고 있음을 표현해야 한다고 말한다. 피론(James Fearon)이 제시한 다섯 가지 값비싼 선호의 유형에는 무기 제조, 군대 동원, 동맹 조약 조인, 해외 부대 파병, 그리고 청중 비용(audience cost)이 포함된다.[7] 물론 이러한 방식으로 신호를 보내는 것이 상대방이 정보를 잘못 이해할 가능성을 완전히 배제해주지는 못한다. 어디까지나 신뢰성은 상대방의 주관적 평가에 의해 그 정도가 결정되는 것이기 때문이다. 하지만 합리주의자들은 상대방으로 하여금 자신의 의지에 대해 신뢰할 수 있게끔 변화를 유도하는 수단은 값비싼 신호가 유일하다고 주장한다. 신호 게임의 용어를 빌리자면, 이는 값비싼 신호를 보낼 때에만 의지가 약한 유형과 강한 유형의 행위자들을 구별하게 해주는 분리 균형(separating equilibrium)이 형성되기 때문이다. 값싼 신호(costless signal)를 보낼 경우, 그러한 신호는 약한 유형이든 강한 유형이든 모든 행위자가 보낼 수 있는 것이기 때문에 오로지 합동 균형(pooling equilibrium)만이 형성된다.

이러한 입장에서 볼 때, 외교와 같이 공적으로 공개되지도 않은 언어적 커뮤니케이션을 통해서만 전달되는 신호는 그것을 보내는 데 아무런 비용을 지불하지 않으므로 값싼 신호에 해당한다. 쉽게 말해, 말로는 무엇이든 약속하고 번복하는 과정을 반복할 수 있다는 것이다. 따라서 합리주의자들은 외교를 통해 전달되는 내용을 그 자체로 정보 값을 가진 것으로 간주하지 않는다. 합리적인 지도자들이라면 그러한 내용에 주의를 기울이지 않을 것이라는 것이 그들의 생각이다. 또한 그들은 외교의 결과 얻은

7 Fearon (1995).

정보를 곧이곧대로 믿어서도 안 된다고 처방적인 주장도 제시한다. 이 논문에서 관심을 갖는 것은 그들의 처방적 견해보다 지도자들이 외교적 정보들을 신중히 검토하지 않는다는 그들의 경험적 주장이다. 이 주장이 흥미로운 까닭은, 이 주장이 사실이라면 지도자들이 외교에 임하는 것은 상대방의 의도를 파악하기 위함이라기 보다, 앞서 살펴본 전략적 유인에 비추어 볼 때, 상대방에게 잘못된 정보를 제공하여 그들의 향후 행동을 자신들이 원하는 대로 조작하기 위함이라는 결론이 도출되기 때문이다. 실제로, 외교는 그것을 행하는데 비용을 지불하지 않기 때문에 사실을 왜곡한 잘못된 정보를 전달하기에 알맞은 수단이기도 하다.

합리주의자들의 말대로 모든 지도자들이 합리적이라면, 그들은 자신들의 정보를 상대방에게 보내는 동시에 상대방이 외교를 통해 보내온 정보에 대해서는 무시하는 전략을 취한다는 뜻이다. 그런데 모든 지도자들의 행태가 이와 같다면, 외교를 통한 속임수 역시 대부분의 경우에 부질없는 일이 될 것이다. 아무도 그 속임수에 귀 기울이려 하지 않을 것이기 때문이다. 따라서 합리주의자들의 주장이 맞는다면, 합리적인 지도자들이 상대방을 속이려는 목적으로라도 외교적 수단을 자주 사용하지는 않으리라고 예측할 수 있다. 이러한 의미에서 외교가 단지 값싼 말(cheap talk)에 불과하다는 합리주의자들의 주장에는 외교를 통해 얻을 수 있는 정보가 신뢰 불가능하다는 함의만 내포되어 있는 것이 아니라는 점을 분명히 알 수 있다. 동전의 양면처럼, 이는 외교를 통해 잘못된 정보를 전달하고 상대방을 조작하려는 시도 역시 별 효과가 없고 합리적인 지도자들에 의해 잘 사용되지 않는 수단일 것이라는 경험적 함의도 지니고 있는 것이다. 이러한 함의는 특히 위기 협상의 경우에 더욱 강화될 것이다. 모두가 동의하듯이, 위기 협상은 매우 복잡하고 긴박한 상황 맥락 속에서 전개되며,

비교적 빠른 시간 안에 자신이 원하는 방향으로 신호를 보내고 상대방의 신호에 대처해야 할 필요성이 있다. 합리주의자들의 주장이 맞는다면, 이러한 상황에서 정보 전달 수단으로 외교를 사용하는 것은 군사적 옵션 등을 통하여 의사를 표명하는 것보다 비효율적인 일일 것이다. 결국 합리주의자들이 보기에 외교는 위기 협상에서 사적 정보를 수신하는 데에도, 송신하는 데에도 잘 사용되지 않는 수단인 셈이다.[8]

경험적으로 관찰 가능한 수준에서 위의 논의들을 재구성해 볼 때, 합리주의의 주장에서 도출할 수 있는 가설들은 다음과 같이 정립될 수 있다.

- ■가설 1: 지도자들은 외교와 같은 값싼 신호를 분석함으로써 상대방의 의도를 파악하지는 않는다.
- ■가설 2: 외교는, 특히 긴박한 위기 협상에 당면한 경우, 지도자들에

8 물론 일부 온건한 합리주의자들은 외교에 아무런 역할이 없다고 주장하는 강한 합리주의자들의 견해에 반발하여 외교를 통해 신호를 보내는 것이 공개담화나 군사적 대응을 통해 의사를 표명하는 것보다 더 합리적이거나 적어도 그에 상응하게 합리적일 수 있음을 보여주고자 하였다. 가령, Shuhei Kurizaki, "Efficient Secrecy: Public versus Private Threats in Crisis Diplomacy," *American Political Science Review* 101(3): 2007, 543–58; Anne E. Sartori, *Deterrence by Diplomacy* (Princeton and Oxford: Princeton University Press, 2005); Robert F. Trager, "Diplomatic Calculus in Anarchy: How Communication Matters," *American Political Science Reivew* 104(2): 2010, 347–68을 참조하라. 이러한 모델들이 가정하는 상황 조건들이 하나같이 다소 제약적이라는 점은, 불가피한 것이겠지만, 아쉬움으로 남는다. 이에 대한 나의 분석은 다른 논문 Joon H. Chung, "Attitudinal Signal and the Credibility of Threat: An Experimental Analysis," *work in progress*에 제시되어 있으며, 현재 글의 주된 목적과 크게 관련이 없으므로 그에 대한 논의는 생략하도록 하겠다.

의해 신호 전달의 도구로써 잘 사용되지 않을 것이다.

- 가설 3: 그럼에도 지도자들이 외교에 임한다면, 그것은 상대방의 의도를 파악하기 위한 정보를 얻기 위함이 아니라 사적 정보를 이용해 상대방의 미래 행동을 조작하기 위해 외교를 사용하기 위함이다.

2. 외교의 교란 효과: 인지주의 외교 이론의 가설

나는 다른 논문에서 인지적 일관성 이론(cognitive consistency theory)에 기반을 둔 저비스의 인지주의적 접근을 발전시켜 강압적 위기 협상 과정에서 외교가 갖는 역할을 새롭게 규명한 바 있다.[9] 그 논문에서 나는 실험을 통해 일반적인 합리주의 및 온건한 합리주의의 주장보다 나의 인지주의적 견해가 외교가 위협의 신뢰도 평가에 미치는 영향을 보다 잘 설명한다고 주장했다. 현재 글의 주된 목적은 인지주의와 합리주의 중 어떤 이론이 실제 사례에서 외교가 위기 협상에 끼치는 영향을 보다 잘 설명하는지 교차 검증함으로써 그 실험 결과가 뒷받침하는 주장이 외적 타당성을 가진다는 점을 보여주는 데 있다. 이는 위협의 신뢰도에 대한 수신자의 평가를 종속변수로 삼았던 나의 다른 논문을 확장하려는 시도이기도 한데, 실험을 통해 관찰하기 어려웠던 경험적 가설들에 대해서도 검증을 시도한다는 점에서 그러하다. 우선 나는 아래에 나의 인지주의적 외교 이론과

9 Chung, *work in progress.*

실험 결과 검증된 경험적 함의를 요약하여 제시하고, 앞의 논의에 상응하게 나의 이론으로부터 도출할 수 있는 새로운 가설들을 정식화하고자 한다.

국제 안보에 대한 인지주의자들의 기본적인 생각은 지도자들의 인지적 오류나 편향된 인식으로 인해 전쟁과 같은 불상사가 발생한다는 것이다. 합리주의자들과 달리 인지주의자들은 이러한 오류와 착오가 반드시 상황적 제약에 기인하는 것이라 생각하지 않는다. 인지주의자들이 보다 주목하는 것은 지도자 개개인의 선이해, 편견, 이미지, 신념, 과거 경험과 역사적 지식 등 개인에게 축적된 독특한 인지적 특질들의 영향이다. 이러한 인지적 특질에는 다양한 종류가 있지만, 내가 외교의 역할을 규명함에 있어서 주목하는 것은 외교의 과정에서 협상 사안 자체에 대한 내용과는 별개로 상대방에게 전달되는 정보이다. 이러한 정보는 흔히 자국과 상대국에 대한 이미지, 그리고 지도자 개인의 세계관과 국제관계에 있어서의 이상을 포함한다.[10] 자국과 상대국에 대해 지도자가 가지고 있는 이미지는 그가 각국에서의 또는 각국 사람들과의 경험을 바탕으로 그에 대해 학습하고 축적한 믿음의 총체를 말한다. 이는 좁은 의미에서는 당장 협상에 임하고 있는 각국 지도층의 성품, 외교력, 기량, 그리고 외모 등에 대한 이미지를 뜻하지만, 넓게는 그들뿐 아니라 각국 시민들의 기질, 국력 및 국제

---

10 필자의 다른 논문에서는 이 중 지도자가 협상 상대국에 대해 지니는 구체적인 태도에 초점을 맞추어 분석이 이루어진 바 있다. 본 글에서는 상대국에 대한 태도라는 의미론적(semantic) 요소의 인과적 역할을 규명하기 보다, 그러한 태도를 비롯해 지도자의 이상 등 다양한 수준의 태도가 전달되는 사적인 외교가 갖는 화용론적(pragmatic) 측면에 초점을 맞춘다. Chung, *work in progress*.

적 위상, 그리고 보다 순간적이고 단편적인 인상들에 대한 언술을 모두 포함한다. 지도자의 세계관은 주로 국제정치의 본질에 대한 그들의 생각을 가리키며, 여기에는 고전적인 국제정치학자들이 내세웠던 국제주의, 자유주의, 그리고 현실주의 등이 해당된다. 지도자의 이상은 국제정치를 통해 추구해야 할 가치들의 우열을 정리한 체계와 그것에 근거해 현상을 바라보는 관점들로, 흔히 추구되는 가치들에는 힘, 평화, 정의, 그리고 균형 등이 있다. 이러한 가치들을 추구하는 방식에 대한 개인적 선호 역시 이상의 일부라 할 수 있다.

흔히 위와 같은 이미지와 세계관은 개인이 위기 시에 의사결정을 함에 있어서 영향을 미치는 요인으로 지적되어 왔다.[11] 그리고 많은 학자들은 지도자의 사고체계 내에서 비교적 깊은 배경에 위치하는 세계관보다 순간순간의 경험에 따라 상대방에 대해 형성하는 이미지가 더 큰 영향을 미칠 것이라고 주장했다. 또한 어떤 학자는 위기 협상이 진행됨에 따라 이미지나 세계관과 같이 상대방에 대해 기존에 가지고 있던 선이해와 신념은 새로운 정보에 비해 의사 결정에 큰 영향을 미치지 못할 것이라고 예상한 반면,[12] 다른 학자는 새로이 유입되는 정보가 이러한 관점에 일관된 또는 이를 뒷받침하는 식으로 작위적인 해석을 거쳐 받아들여지게 될 것이라고 예측한 바 있다.[13] 어느 쪽이든, 이미지와 세계관을 연구하는 학자

---

11 Ole R. Holsti, "Cognitive Dynamics and Images of the Enemy," in John Farrell and Asa Smith (eds.), *Image and Reality in World Politics* (New York: Columbia University Press, 1967), pp. 16–39; Jervis (1970); Snyder and Diesing (1977).

12 Snyder and Diesing (1977).

13 Jervis (2017); Lebow (1981).

들의 공통된 견해는 (1) 그것이 주로 배경적 이해를 구축하는 인지 요인이며, (2) 위기 협상 과정 이전에 이미 축적된 인지 요인이라는 것이다. 하지만 이는 한 개인의 이미지와 세계관이 자신의 의사결정에 미치는 영향만을 다뤘을 뿐, 그의 이미지와 세계관이 다른 개인의 의사결정에 미치는 영향에 대해서는 간과하고 있다. 만약 외교를 통해 위기 협상 과정에서 상대방의 이미지와 세계관이 전달된다면 이는 개인의 의사결정에 어떤 변화를 가져올 수 있는가?

나는 이미지와 세계관 등에 대한 정보를 전달하는 외교의 한 단면을 "개인적 외교(personal diplomacy)"라고 지칭한다. 개인적 외교의 내용 자체는 분명 위기 협상과 전혀 관련이 없으며, 흔히 지도자들에 의해 인사치레, 사소한 일, 또는 신변잡기적 정보로 간주될 법한 것들이다. 개인적 외교를 통해 전달되는 위 정보의 공통된 특징은 그것이 모두 평가적이라는 것이다. 즉, 이는 사실에 대한 진술을 담고 있는 것이 아니라 그 신념을 지닌 이가 어떤 것을 좋아하고 싫어하는지에 대한 정보를 포함하고 있다. 이러한 정보는 사실 관계에 대한 정보와 달리 발화자가 궁극적으로 어떤 목적을 추구하기 위해 현재 협상에 임하고 있는지에 대한 직관적 이해를 형성한다. 가령, 어떤 지도자가 일반적으로 평화를 선호한다면 현재의 위기 협상에서도 실제적인 무력 사용 없이 사태를 해결하고 싶어 할 것이라 직관적으로 생각할 수 있다.

평가적 진술을 사실적 진술과 구분 짓는 중요한 특징은 그것을 참과 거짓으로 명확히 구분할 수 없다는 점이다. 평가적 진술은 어떤 맥락에서 읽히느냐에 따라 해석이 달라진다는 점에서 사실 관계에 대한 진술과는 질적으로 차이가 있다.[14] 또한, 바로 그 점 때문에, 평가적 진술은 위기 협상에서 상대방의 의도를 파악하는 경험적 증거로 사용될 수 없다. 그것들은 흔히 추상적이어서 협상 사안 자체와 직접적인 관련이 없는 경우가 많으며 동시에 수신자의 해석과는 전혀 다른 의미로 발화된 것일 가능성을 배제할 길이 없기 때문이다.

물론 위와 같은 직관적 추리가 경험적 근거에 의한 합리적 추론은 아니다. 그럼에도, 인지주의적 관점에서 볼 때, 지도자들이 개인적 외교를 통해 얻은 정보가 그들의 의사결정에 영향을 미칠 가능성은 충분해 보인다. 인지적 일관성 이론에 따르면, 사람들은 여러 인지 요인들 간의 일관성을 유지하고 싶어 한다.[15] 사람들은 자신의 인지 요인들이 "균형 잡힌" 상태에 있기를 희망하며, 자신의 요구 사항이나 기대에 부합하는 것들이 "사실"로서 지속되기를 바란다. 때문에 사람들은 자신이 알고 있는 정보들이 논리적 모순관계에 있지 않으며, 자신이 좋다고 생각하는 요인들은 좋은 것으로서 상호 연관성을 갖고 있으며 나쁘다고 생각하는 요인들은 나쁜 것으로서 연관성을 가진다고 믿고 싶어 한다. 가령, 내가 개고기를 혐오한다면, 개고기를 먹는 사람들에 대해서도 경멸감과 역겨움을 느낄 것이다. 개고기를 싫어하면서도 개고기를 먹는 이들에 대해 친애감을 느낀다면, 나는 불편함에 휩싸이게 될 것이다.

마찬가지로, 개인적 외교의 정보와 협상 관련 정보는 서로 아무런

---

14 Allan Gibbard, *Wise Choices, Apt Feelings: A Theory of Normative Judgment* (Cambridge: Harvard University Press, 1990).

15 Robert P. Abelson et al. (eds.), *Theories of Cognitive Consistency: A Sourcebook* (Chicago: Rand-McNally, 1968); Robert P. Abelson and Milton Rosenberg, "Symbolic Psycho-Logic," Behavioral Science 3(1): 1-13; Charles Osgood, "Cognitive Dynamics in the Conduct of Human Affairs," *Public Opinion Quarterly* 24(2): 1960, 341-65. 이를 국제정치에 적용한 훌륭한 논의는 Jervis (2017)에서 찾아볼 수 있다.

논리적 연관성이 없다. 그럼에도, 만약 상대방이 평화를 추구하거나 국가 간의 도의를 중시하는 식의 세계관을 지니고 있다든가 자신에 대해 긍정적인 이미지를 지니고 있다든가 하는 정보를 개인적 외교로부터 얻게 된다면, 지도자는 상대방이 당면한 협상에서도 비교적 유화적인 입장을 취할 것이라고 생각하게 된다. 반대로, 개인적 외교를 통해 상대방이 자신에게 비호감적인 이미지를 갖고 있다거나 경쟁적이고 자국 우선주의적인 국제정치관을 견지한다는 사실을 알게 되었다면, 지도자는 상대방이 당면한 협상에서 보다 적대적인 조치들을 취할 확률이 높다고 판단할 것이다. 그렇다고 해서 이와 같은 사고가 반드시 비합리적인 것은 아니다. 이러한 판단은 역사적으로 또는 자신이 직접 경험한 바들을 근거로 하여 나온 일종의 통계적 결론일 수 있기 때문이다. 이것이 반드시 인과관계에 대한 고찰에서 나온 것일 필요는 없으며, 두 인지 요인 간의 상관관계만을 염두에 두고 내린 결론이라 하더라도 이는, 저비스의 기준을 빌리자면, 충분히 "과학적 방법"의 법칙에 따른 추론이기 때문에 합리적이라 할 수 있다.[16]

개인적 외교와 협상 사안 간의 합리적 연관성을 인정해야 한다는 주장은 암묵적으로 개인적 외교의 내용이 지도자들에 의해 인지 요인의 하나로 간주된다는 점을 가정한다. 이 부분이 인지주의자가 합리주의자와 달리 지도자들의 비합리적 사고 가능성을 인정하는 부분인데, 왜냐하면 합리적인 지도자는 개인적 외교를 통해 전달되는 내용을 값싼 신호일 뿐 아니라 현재 협상과 전혀 관련이 없는 것으로 간주할 것으로 상정되기 때문이다. 즉, 합리적인 지도자는 애초에 개인적 외교로부터 얻은 정보를 자

16 Jervis (2017), p. 119.

신이 알고 주의를 기울일 필요가 있는 인지 요인 중 하나로 여기지 않을 것이다.

합리주의의 견해와 달리, 나는 개인적 외교를 통해 획득한 정보가 *무의식적으로* 위협 신호의 신뢰도를 평가하는 사고 과정에 영향을 미칠 수 있다고 생각한다. 왜냐하면 그러한 정보는 너무 신변잡기적이거나 추상적이기 때문에 지도자들이 그것을 의식적으로 빈말로 치부한다든가 또는 믿어서는 안 될 말이라고 규정하려는 노력을 기울이지 않을 것으로 생각되기 때문이다. 그것은 협상과 관련해 어떠한 정보도 주지 못하는 말이다. 지도자들은, 합리주의자들의 주장대로, 외교를 통해서만 전달된 언어적 신호들에 대해서 신뢰할 수 없는 말로 간주하고 배제하려는 시도를 할지도 모른다. 하지만 개인적 외교는 배제 여부를 결정하는 도마 위에조차 오르지 못하는 사소한 정보이다. 그리고, 아이러니하게도, 바로 그 사소함 때문에 개인적 외교의 정보는 의식적으로 걸러지지 않고 지도자들의 머릿속에 남게 된다. 상대방에 대한 이미지를 구성하는 엄연한 인지 요인 중 하나로서 자리잡는 것이다. 따라서 앞 문단에서 제시한 일관성 확립하기의 과정은 직관적인 동시에 무의식적으로 이루어진다. 지도자들은 위기 협상에서 상대방의 위협이 신뢰할 만 한지 판단할 때 무의식적으로 개인적 외교로부터 얻은 정보와의 일관성을 유지하는 방향으로 생각하게 될 것이다. 잠재적으로 축적된 기존 신념의 지속성(perseverance)이 매우 강하다는 사회심리학자들의 오랜 발견을 감안할 때,[17] 이는 경험적으로 이해할

---

17 이러한 논의의 시초 격에 해당하는 논문에는 Robert P. Abelson, "Modes of Resolution of Belief Dilemmas," *Journal of Conflict Resolution* 3(4): 1959, 343–52; Herbert C. Kelman,

수 있는 인지 메커니즘인 것으로 생각된다.

개인적 외교의 이와 같은 독특한 특성은 지도자들로 하여금 위기 협상 과정에서 외교에 임할 전략적 유인을 마련해준다. 합리주의자들이 타당하게 가정하듯이, 협상에서 지도자는 최대한 손실을 보지 않는 일방적 승리를 가장 원한다. 합리주의자들이 그들에게 사적 정보를 고의적으로 상대방에게 잘못 전달할 유인이 있다고 한 것도 바로 그러한 동기를 기정사실로서 인정하기 때문이다. 보다 넓은 의미에서 볼 때, 이러한 유인은 상대방이 자신이 원하는 대로 정보를 받아들이고 그에 따라 행동하기를 바라는, 즉 상대방의 미래 행동을 예측 가능한 통제 하에 둘 수 있도록 조작하고자 하는 동기에서 비롯된 것이다. 많은 인지주의자들이 그러하듯이, 나 역시 지도자들에게 구조적 불확실성을 악용해 상대방을 조작

"Processes of Opinion Change," *Public Opinion Quarterly* 25(1): 1961, 57–78; Osgood (1960) 등이 있다. 이후 사회심리학자들의 주된 논의를 살펴보기 위해서는, Craig A. Anderson, "Abstract and Concrete Data in the Perseverance of Social Theories: When Weak Data Lead to Unshakeable Beliefs," *Journal of Experimental Social Psychology* 19(2): 1983, 93–108; Craig A. Anderson, Mark R. Lepper, and Lee Ross, "Perseverance of Social Theories: The Role of Explanation in the Persistence of Discredited Information," *Journal of Personality and Social Psychology* 39(6): 1980, 1037–49; Hillel J. Einhorn and Robin M. Hogarth, "Confidence in Judgment: Persistence of the Illusion of Validity," *Psychological Review* 85(5): 1978, 395–416; Baruch Fischhoff, "Perceived Informativeness of Facts," *Journal of Experimental Psychology* 3(2): 1977, 349–58; Thomas Gilovich, "Biased Evaluation and Persistence in Gambling," *Journal of Personality and Social Psychology* 44(6): 1983, 1110–26; Tobias Greitemeyer et al., "Biased Assimilation: The Role of Source Position," *European Journal of Social Psychology* 39(1): 2009, 22–39; Lee Ross, Mark R. Lepper, and Michael Hubbard, "Perseverance in Self-Perception and Social Perception: Biased Attributional Processes in the Debriefing Paradigm," *Journal of Personality and Social Psychology* 32(5): 1975, 880–92를 참조하라.

하려는 동기가 있다는 합리주의자들의 가정을 받아들인다.[18] 그리고, 합리주의자들과 달리, 나는 외교를 통한 조작의 가능성을 협상 자체와 관련된 언어적 신호가 아니라 개인적 외교에서 찾는다. 앞서 다룬 개인적 외교의 효과를 인지하고 있는 지도자들이라면 의도적으로 특정한 가치관이나 이미지, 또는 이상 등을 자신의 것으로 포장하여 상대방에게 전달함으로써 자신이 원하는 방향으로 상대방이 자신의 신호들을 해석하게끔 조작할 수 있다. 가령, 내가 특정한 영토를 양보하겠다는 약속에 신뢰성을 갖도록 하기 위해 나는 일부러 평화를 추구하는 사람 또는 상대국과 좋은 관계를 유지하고 싶은 사람이라는 이미지를 상대 지도자에게 전달할 수 있다. 그 후 방심한 틈을 타 상대방의 허를 찌르는 전략을 통해 일방적 승리를 거둘 수도 있을 것이다. 반대로, 상대에게 적대감이나 혐오감 등을 표출함으로써 나는 군사적 수단을 동원하는 등의 비용을 치르지 않고도 (나아가 내가 약하다는 사실까지도 감추면서) 상대방으로 하여금 내가 협상 사안에 대해서 양보할 의지가 전혀 없다는 인식을 주어 그의 양보를 끌어낼 수도 있다. 나는 다른 논문에서 이러한 효과들을 총칭하여 "교란 효과(distraction effect)"라고 지칭하고자 한다. 상대방에게 거짓된 사실 정보가 아니라 거짓된 가치관이나 세계관 등 평가적 정보를 제공함으로써 상대방이 무의식적으로 그 정보와 협상 사안에 대한 정보 간의 일관성을 찾게끔 교란하는 것이다. 이것이 협상 자체에 관련하여 거짓된 정보를 제공하는 것은 아니고 제3의 정보를 통해 협상 관련 신호 해석의 방향성을 조정하는

18 예외는 Richard Ned Lebow, Between Peace and War: The Nature of International Crisis (Baltimore and London: Johns Hopkins University Press, 1981).

것이기 때문에, 즉, 개인적 외교의 정보와 일관된 방향으로 다양한 값비싼 신호들을 해석해 위협의 신뢰도를 판단하게끔 조작하는 것이기 때문에, 나는 이를 협상과 직접 연관된 사실적 정보를 왜곡해 제공하는 속임수와 구별하여 교란이라 부른다. 이 이론이 맞는다면 성립할 경험적 가설들은 다음과 같다.

- ■가설 4: 지도자들은 상대방의 의도를 파악함에 있어서 무의식적으로 개인적 외교의 영향을 받는다.
- ■가설 5: 지도자들이 외교에 임한다면, 그것은 상대방의 의도를 파악하기 위한 정보를 얻기 위함이 아니라 상대방의 미래 행동을 조작하기 위해 외교를 사용하기 위함이다. 이때 조작은 속임수가 아니라 교란 효과를 통해 달성된다.
- ■가설 6: 외교는 지도자들에 의해 교란의 도구로써 빈번히 사용될 것이다.

위의 가설들은 내가 이전 논문에서 인지주의 외교 이론을 검증하기 위해 사용했던 것과 달리 보다 일반적인 가설들로, 이를 통해 나는 나의 이론으로부터 예견되는 경험적 결과들이 다양한 측면에서 성립함을 교차 검증하고자 한다. 이전 논문에서 나는 신호로 활용된 지도자의 태도가 인지주의에서 인정하듯이 무의식적으로 상대방의 위협 인식에 영향을 미친다는 점을 입증하기 위해 실험 2개 중 1개에서 제시되는 상황을 의도적으로 교환된 신호가 하나의 위협밖에 존재하지 않는 상황으로 제한하였다. 이 글에서 다루는 교란 효과와 마찬가지로 다른 신호들의 존재 유무에 그 영향 여부가 달려 있는 인지적 신호의 경우 다른 신호들이 절대적으로 부족한 상황에서는 잘 발휘되지 않을 것이다. 반면, 비록 그 효과 정도의 차이는 있겠지만, 합리주의자들의 예측대로 속임수 효과가 나타난다면 신호의 수와 무관하게 적대적 태도가 전달되면 위협을 더욱 신뢰성 있다고 생각할 것이고 호의적 태도를 접하면 위협의 신뢰성이 떨어진다고 평가할 것이다. 즉, 인지적 신호를 통해 발휘되는 효과가 합리주의자들이 말하는 속임수에 해당한다면, 개인적 외교를 접할 때 행위자가 왜 속는지에 대해서는 그들이 별도의 해명을 제시해야 하겠지만, 위협의 신뢰도는 일정한 방향성을 띠는 선형적 그래프의 형태로 나타나게 된다. 하지만 실험 결과 위협의 신뢰도는 이차 함수 형태의 곡선 모양으로 제시되었으며, 나의 이론에 비추어 이는 합리주의의 틀 안에서 설명할 수 없는 무의식적 메커니즘에 의해 일어나는 현상으로 해석되었다.[19] 앞서 언급했듯이, 현재 글에서는 이와 같은 상황 제약을 제시하지 않고 일반적인 상황에서도 개인적 외교의 교란 효과가 관찰되는지를 살펴보기 위해 실제 사례에 위의 새로운 가설들을 적용하여 무엇이 더 타당하게 그 사례를 설명하는지 검토해보고자 한다. 가설 1-가설 4, 가설 2-가설 6, 가설 3-가설 5의 대응쌍을 위기 협상에서의 실제 위기 협상의 사례에 적용함으로써 내 이전 논문의 결론을 교차 검증할 수 있을 것으로 기대된다.

또한 이전 논문은 54명의 학부생들을 대상으로 진행된 실험을 통해 가설을 검증하였다. 학부생들의 인지적 특질과 지도자들의 인지적 특질에는 공유되는 부분들도 있겠지만, 두 집단의 인구 전체를 놓고 비교할 때 구성 성비, 연령대, 실무 경험 수준, 또는 지식 수준 등으로부터 영향을

---

19 Chung, *work in progress.*

받는 인지적 특질에 대해서는 애초에 다른 분포를 보일 수밖에 없다. 때문에 이러한 편의 표본(convenience sample)을 사용한 실험 결과가 외적 타당성을 확보하기 위해서는 실제 관찰할 수 있는 사례들을 통해 동일한 이론을 검증하는 작업이 수반되어야만 한다. 따라서 현재 글은 인지주의 외교 이론의 외적 타당성을 강화하는 데에도 기여할 수 있을 것으로 생각된다.

3. 미북 비핵화 협상, 2017~2019

앞서 제시한 가설들을 검증하기 위해 내가 선택한 사례는 2017년 9월 북한의 6차 핵실험 이후 본격적으로 시작해 현재까지도 이어지고 있는 미국과 북한 간의 비핵화 협상이다. 내가 이 사례를 선택한 것은, 이 사례가 인지주의의 입장에서 가장 설명하기 어려운 사례들 중 하나라고 판단되었기 때문이다. 가장 설명하기 힘든 사례에 대해서도 인지주의 가설의 타당성이 경쟁 가설들보다 높다고 판단된다면, 실험 결과 검증된 인지주의의 내적 타당성을 실제 상황에 일반화하는 데 중요한 근거가 될 수 있을 것이다.[20]

---

20 이는 사례 연구를 수행함에 있어서 선택 편향(selection bias)를 해소하려는 노력으로 볼 수 있다. 내 이론을 입증하기 어려운 사례를 연구 대상으로 선택함으로써 내 이론이 잘 들어맞을 것으로 예상되는 사례에만 선별적으로 적용하여 이론을 합리화하는 오류를 방지하고자 하는 것이다. Gary King, Robert O. Keohane, and Sidney Verba, *Designing Social Inquiry: Scientific Inference in Qualitative Research* (Princeton: Princeton University Press, 1994), pp. 128–139.

미북 비핵화 협상이 인지주의를 통해 설명되기 어려운 사례로 보이는 까닭은 많은 이들이 도널드 트럼프와 김정은의 행동이 합리주의에 의해 충분히 잘 설명된다고 생각하기 때문이다. 우선 많은 분석가들은 트럼프가 북한 비핵화 문제에 별다른 관심을 갖고 있지 않다고 말한다. 트럼프를 전형적인 냉혈한 경영인으로 보는 많은 이들은 그가 추구하는 가장 큰 목표는 재선이며, 재선을 위해 북한 이슈는 그다지 중요한 것이 아니기 때문에 그가 북한을 무너뜨리고 자유민주주의를 전파하는 일에 전혀 관심이 없다고 생각한다.[21] 2017년 9월 북한의 핵실험 직후 UN 당사국 총회에서 그가 노골적으로 김정은을 비난한 일이나 트위터를 통해 김정은을 "로켓맨," "병든 강아지" 등으로 지칭하며 조롱한 일 등을 생각해볼 때 미북 비핵화 협상 초기에 트럼프가 북한 이슈에 대해 별다른 관심을 가지고 있지 않았음은 자명해 보인다. 북한 비핵화와 관련하여 협상을 통한 해결을 진지하게 고민하지 않았기에 그와 같은 막말을 할 수 있었던 것으로 생각되기 때문이다. 반면, 과거에는 북한을 비합리적인 전쟁광의 나라 또는 아들 부시의 말마따나 "악의 축"으로 보는 시각이 많았지만, 현재로서는 김정은 등 북한 지도자들을 합리주의적 관점에서 분석하는 것이 우세하다. 북한이 지속적으로 핵실험을 하거나 전쟁 대비 군사훈련을 진행하는 것이 대표적으로 위기 협상 과정에서 전쟁을 불사하겠다는 의지를 보여주기 위해 값비싼 신호를 보내는 일에 해당한다. 또한 미국 첩보망에 따르면

---

21 "Trump's North Korea policy is 'maximum pressure' but not 'regime change,'" *The Washington Post,* 2017.04.14.

비핵화 약속을 한 이후에도 북한이 새로운 원자로를 가동했고 원전 폐기물이 서해 바다로 흘러나왔다는 징후, 하노이 회담에서 노후한 영변 핵 시설을 제외한 희천 농축 우라늄 시설 등 다른 원자로는 폐기하겠다고 약속하지 않고서 단계적 비핵화로 포장한 점 등은 합리주의적 관점에서 볼 때 사적 정보를 왜곡하여 상대방을 속이고 이익을 취하려는 행위라고 설명될 수 있다. 이미 이처럼 합리주의를 통해 설명이 되는 것으로 생각되는 사례에 대해서 인지주의가 보다 엄밀한 해설을 제시할 수 있다면, 이는 인지주의 외교 이론의 타당성을 강화하는 중요한 근거가 될 것이다.

위의 합리주의 관점에 관해 내가 동의하는 부분은, 트럼프가 협상 초기에 북한 문제에 별다른 관심이 없었다는 점이다. 북한의 비핵화 문제는 북한의 생존과 직결되는 문제이기 때문에 불가피하게 북한 측에서 보다 지대한 관심을 가질 수밖에 없는 이슈이다. 미국의 입장에서는 이란 호르무즈 해협 문제, 멕시코 국경 불법 이민 문제 등 북한 비핵화 이슈보다 국민들의 관심을 많이 받는 중요한 국제 이슈들을 다루는 것이 우선일 것이다. 때문에 관심을 끌기 위해 적극적으로 다양한 신호를 보내고 협상을 통해 명시적인 이익을 확보하려고 하는 쪽은 북한이다. 하지만 협상이 시작된 지 2년이 지난 지금도 트럼프를 비롯한 미국의 지도자들이 북한과의 협상에 아무런 관심이 없는지는 검토가 필요한 문제이다. 그동안 북한은 미국으로부터 의미 있는 외교적 성과를 얻어내기 위해 군사적 위협을 지속하면서도 동시에 미북 고위급 협상을 이어 왔다. 이것이 시사하는 바는 두 가지이다. 첫째, 인지주의 외교 이론의 가설을 검증하기 위해 미북 비핵화 협상을 검토함에 있어서 주목해야 할 지도자는 김정은을 비롯한 북한의 수뇌부이다. 이 글에서 제시한 인지주의의 가설들은 위기 협상에서 신호의 수신자보다도 송신자의 행태에 관한 것들이다. 신호의 송신자가 상대방을 교란할 목적으로 어떻게 외교를 사용하고 있는지를 보는 것이 여기서 제시한 가설의 핵심이기 때문이다. 따라서 이 글은 미북 비핵화 협상을 분석함에 있어서 김정은 등 북한 지도급 인사들이 외교를 통해 어떤 의사와 정보를 전달했는지에 초점을 맞출 것이다. 둘째, 그렇다고 해서 미국 측의 행태를 살펴볼 필요가 없다는 뜻은 아니다. 북한의 신호 전달에 따라 미국이 북한을 대하는 태도와 정책적 기조가 어떻게 변화했는지를 알아보는 것은 북한의 신호가 갖는 효과를 평가함에 있어서 매우 중요한 요소이다. 특히 회담이나 비밀 서신 등을 통해 김정은이 직접 설득을 위해 공을 들이고 있는 트럼프의 의중이 어떻게 변화하고 있는지를 보는 것은 인지주의의 가설들을 검증하는 데 필수적으로 요구된다.

(1) 북한 비핵화 협상의 동기

김정은과 북한 수뇌부가 어떤 전략을 통해 협상을 이끌어 나가고 있는지를 파악하기 위해서는 우선 그러한 전략을 사용하는 동기에 대해 알 필요가 있다. 북한이 궁극적으로 어떤 목적을 달성하고자 하는지 알아야만 현재 북한이 사용하는 전략이 전반적인 협상 과정에서 어떤 의미를 가지는지를 분석하고 그것이 목적 달성에 효과적인 수단인지를 평가할 수 있기 때문이다. 또한 북한의 동기를 명확히 제시한 후 그 전략을 연구해야만 북한의 모든 행동이 그럴 만한 이유에서 비롯되었다고 합리화하는 사후적 오류(post hoc fallacy)를 예방할 수 있다. 때문에 나는 먼저 북한－특히 김정은 지도부－이 비핵화 협상에 참여함으로써 추구하는 목적이 무엇인지를 분석하고자 한다.

결론부터 말하자면, 나는 적어도 김정은 집권 이후 2017년부터 본격화된 비핵화 협상에 있어서 북한의 참여 동기는 핵무기의 완전 폐기를 통한 한반도의 항구적 평화 달성이 아니라 정상국가로서의 국제적 승인을 통한 독재 정권의 존속이라고 생각한다. 김정은의 북한은 비핵화 협상을 통해 핵무기 보유국임을 인정받고 싶어 하며, 궁극적으로는 미국과 대등하게 협상하는 모습 자체를 부각하여 무법 국가(rogue state)의 이미지를 탈피하고 체제 유지의 외적 기반을 마련하고자 한다. 자유민주주의 국가의 존재 자체를 체제에 대한 위협으로 여기는 전형적인 독재 국가의 모습이다. 뿐만 아니라 나는 북한이 장기적 목표인 정상국가화를 추구하는 동시에 비핵화 협상에 참여함으로써 현 체제의 유지라는 보다 단기적인 목표 역시 성공적으로 달성하고 있다고 생각한다. 비핵화 협상을 시작한 후 미국의 정책적 초점이 북한 정권의 붕괴가 아니라 비핵화 자체에 쏠리게 되면서 북한은 제거해야 할 인권 유린의 온상이 아니라 비핵화를 위해 협상해야 할 파트너가 되었다. 보수적인 미국 공화당 정부에서조차 북한의 체제를 붕괴시켜야 한다는 주장은 존 볼튼 국가안보 보좌관을 비롯한 일부 강경파에 의해서만 옹호되고 있는 실정이다. 이러한 의미에서 북한에게 비핵화 협상은 정권의 생명줄을 연장해주는 중요한 도구들 중 하나라고 할 수 있다. 나는 아래에 이 경험적 주장을 입증해주는 증거들을 나열함으로써 내 분석의 타당성을 보이고자 한다.

① 미북 간 하노이 회담 당시 북한은 돌연 완전한 비핵화가 아닌 단계적 비핵화를 주장하면서 기존의 비핵화 약속을 어겼다. 강선과 희천 등 이미 2018년 여름 발각된 농축 우라늄 재처리 시설들 외에도 5~6 곳의 새로운 시설들이 가동되고 있다는 것을 미국은 이미 첩보를 통해 알고 있었다. 국제원자력기구(IAEA)의 수석 코디네이터인 코넬 페루타(Cornel Feruta) 역시 북한이 5 메가와트 원자로와 재처리시설을 가동하고 농축시

설과 경수로를 증축했다고 밝힌 바 있다.[22] 후일담을 들어보면 마이크 폼페이오 국무장관과 볼튼 등 외교 안보 분야 각료들은 애초에 북한이 완전한 비핵화를 실시하지 않을 것이라고 타당하게 예측했다고 한다.[23] 그리고 그들은 노후한 시설만 폐기하는 것이 핵무기 생산을 실질적으로 억제하는 데 무의미한 일이라고 옳게 판단했다. 역시나 하노이 회담에서 북한 측 대표단은 돌연 노후한 영변 핵 시설에 대한 폐기만을 언급함으로써 기존의 비핵화 약속을 손바닥 뒤집듯 뒤엎는 모습을 보였고, 결국 미 각료들의 거부로 하노이 회담은 "노딜"로 마무리되었다. 또한 2018년 IAEA 사찰단 등의 검증 없이 갱도 폐쇄 방식으로 폭파했던 풍계리 핵 실험장 역시 복구가 가능한 수준이라는 것이 미 국무부 "2019년도 군비 통제, 비확산, 군축 협정 이행 및 준수에 대한 보고서(2019 Adherence to and Compliance with Arms Control, Nonproliferation, and Disarmament Agreements and Commitments)"에 따른 소식이다.[24] 사실상 핵 실험장 폭파도 북한이 진심으로 비핵화에 관심이 있다는 거짓된 의사를 표명하기 위해 사용한 (파괴 및 복구 비용을 감수하는) 값비싼 신호였던 셈이다. 실질적으로 비핵화를 위해 노력한 것은 하나도 없으며, 오로지 순간순간의 면피용 전략만을 이어가는 북한의 모습은 실제로 비핵화에 대한 열의가 있는 것인지 의심하

22 "IAEA, '北, 지난 10년 간 핵 프로그램 상당히 확대,'" 연합뉴스, 2019.04.30.

23 "트럼프 언급한 '영변 外' 우라늄 농축 시설 어디?' 중앙일보, 2019.02.28.

24 U.S. Department of State, "2019 Adherence to and Compliance with Arms Control, Nonproliferation, and Disarmament Agreements and Commitments," https://www.state.gov/adherence-to-and-compliance-with-arms-control-nonproliferation-and-disarmament-agreements-and-commitments-compliance-report/ Retrieved 2019.08.29.

게끔 만든다.

② 북한은 비핵화 약속은 지키지 않으면서 비핵화 협상을 미국의 제재 문제와 연결 지으려 한다. 미국은 실제로 비핵화 협상을 진행하면서도 북한에 대한 제재를 강화해 왔다. 과거부터 북한 고위급 인사들의 해외 자산을 동결하거나 북한과의 밀거래 의혹을 받는 BDA(방코 델타 아시아) 은행을 비롯한 중국 등지의 은행들에 대해 제재를 가한 것은 잘 알려진 사실이다. 2019년에도 미 재무부는 기존 대북 제재를 위반한 러시아 금융 기업들에 대해 제재 조치를 취했으며,[25] 미 국무부는 미국인의 북한 여행 금지를 1년 연장하기도 했다.[26] 북한은 오랫동안 이러한 제재의 유지를 비핵화를 할 수 없는 중요한 이유로 지적해 왔다. 미국이 제재를 통해 체제 위협을 계속하고 있고, 비핵화에 상응하는 제재 해제 조치를 전혀 취하지 않기 때문에 더 이상 비핵화 대화에 참여할 수 없다는 것이다. 하지만 사건의 선후관계를 따져볼 때 이는 터무니없는 핑계에 불과하다. 분명 1989년 이후 제재가 지속되는 상황에서 1993년 핵확산금지조약(NPT) 탈퇴 협박을 계기로 먼저 비핵화를 협상 의제로 들고 나온 것은 북한이다. 즉, 미북 비핵화 협상은 원래 핵무기를 만들던 국가에 미국이 선의를 베풀 테니 비핵화를 하라고 요구한 것이 아니다. 기존 국제법을 무시하고 핵무기를 만들기 시작한 것은 북한이며, 따라서 비핵화에 대한 안을 제시하고 이행하면서 그에 상응해 제재 해제를 요구하는 것이 상식적인 협상 과정이다. "협상"이라는 것을 먼저 시작한 측에서 아무런 약속 이행도 없이 상대

---

25 "美, 시진핑 방북 날 北 제재 회피 도운 러시아 금융회사 제재," 연합뉴스 2019.06.20.

26 "미국 국무부, 북한 여행 금지 1년 더 연장," 연합뉴스 2019.08.20.

방의 양보만을 무작정 요구하는 것은 더 이상 통상적인 협상의 과정이라 볼 수 없다. 1993년 1차 북핵 위기 이후 제네바 합의를 통해 북한이 IAEA 사찰을 받아들이고 경수로 건설 지원을 대가로 우라늄 재처리 시설을 폐쇄하는 데 동의한 적이 있기는 하나, 시간이 흘러 북한이 6차 핵실험까지 실시한 현재의 상황에서 그것을 평가할 때, 그것은 단지 눈 가리고 아웅 식의 외교적 지연 전술에 불과했던 것이라 평가할 수 있다. 당시 실제 핵 시설의 폐쇄가 진행되었다면, 이토록 빠르게 핵무기 개발에 속도를 올릴 수는 없었을 것이기 때문이다. 실제로 1993~94년 당시 북한은 바로 IAEA 사찰을 수용한 것이 아니라 몇 달 간 거절을 한 끝에 제안을 수락한 것이었다. 그 몇 달 동안 북한이 국제 감시단의 눈을 가리기 위해 어떤 조치를 취했던 것은 아닌지 알 수 없는 일이다. 이러한 관점에서 볼 때, 과거부터 현재에 이르기까지 북한이 행하는 것은 협상이 아니라 위협이다. 그리고 아무런 양보 없이 비핵화를 빌미로 미국에 제재 해제를 강압적으로 요구하는 것은 그 목적이 비핵화에 있는 것이 아니라는 점을 분명히 보여준다.

③ 북한은 미국과의 비핵화 협상이 잘 풀리지 않을 때에만 한국과의 협력 사업을 재개한다. 김정은 집권 이후 남북 정상회담을 제외하고 북한이 한국과 국가 단위에서 협력 사업을 벌인 대표적인 사례가 2018년 평창올림픽 남북 단일팀 구성과 개성 남북공동연락사무소 설치이다. 두 사례에 공통점이 있다면, 그것은 두 사업이 순탄히 진행되던 시기가 미북 관계가 경색되었던 시기와 일치한다는 것이다. 평창 올림픽 당시는 트럼프를 비롯한 미 수뇌부가 북한과의 대화국면에 적극적으로 뛰어들기 이전의 시기였다. 평창 올림픽 남북 단일팀 구성 및 북한 선수 참가를 위해 한미 연합군사훈련을 연기한 데 대해 미 외교가에서는 불만의 목소리가 많았으

며,[27] 마이크 펜스 미 부통령은 김정은 가문을 두고 "악랄한 가족 족벌주의 집단(evil family clique)"라고 강도 높은 비난을 제기하기도 했다.[28] 당시 미국은 강경 전략을 고수하며 북한에 대한 최대 압박을 위해 대규모 제재를 새로이 발표하려는 상황이었으니, 미북 관계가 좋지 않았던 시기임은 분명하다. 이러한 패턴이 더욱 두드러지게 나타나는 것은 남북공동연락사무소 사업의 전개 과정에서이다. 남북공동연락사무소가 설치되던 2018년 9월은 미국과 북한이 하노이 회담을 앞두고 기세 다툼을 하던 시점이다. 특히 당시 미국에서는 폼페이오 등이 완벽한 비핵화가 완수되어야만 제재를 모두 해제할 수 있다는 FFVD(Final Fully Verified Denuclearization, 최종적이고 완전히 검증된 비핵화)의 원칙을 천명했으며, 9월 17일에 미국은 중국과 러시아 등이 지속적으로 북한의 석유 밀수에 공조하고 있으며 금융 및 무역 제재 역시 위반되고 있다는 점을 들어 UN 안전보장이사회 긴급 회의를 소집하기도 했다.[29] 이후 북한이 개성 남북공동연락사무소에서 철수한 2019년 3월은 하노이 회담이 결렬되고 나서 다시금 미북 간의 협상이 재개되기 시작하던 시점이다. 당시 북한의 남북공동연락사무소 철수를 두고 하노이 회담 이후 대북 제재를 강화하던 미국에 대한 항의 차

---

27 "'평창올림픽 기간 韓美훈련 중단?...北에 잘못된 신호만 줄 뿐,'" 매일경제, 2017.11.24; "한미훈련 연기한다고 김정은 안 달라져," 매일경제, 2017.12.01; "美 상원의원들, '한·미훈련 연기, 동맹 이익에 맞게 결정돼야,'" 국민일보, 2017.12.21; "[미 전문가 인터뷰] 스콧 스나이더 "北, 제재 완화 얻으려는 노림수," 한국일보, 2018.01.04; "미국 '평창은 평창일 뿐'…북한 비핵화 압박 수위 높여," 한국일보, 2018.01.17; "'북핵 문제 핵심 이해 달라…한미 간 긴장 잠복돼 있다,'" 한국일보, 2018.01.22.

28 "Pence blasts media for 'fawning' North Korean coverage," The Hill, 2018.02.22.

29 "미국 17일 유엔 안보리 긴급 소집…대북 제재 논의," 연합뉴스, 2019.09.16.

원이 아니냐는 추측이 많았으나, 오히려 미국과 북한은 하노이 회담이 성사되기까지 쌓아 놓은 판이 깨지지 않도록 서로 조심하던 시기였다. 미국은 오직 말로만 대북 제재 강화를 외쳤을 뿐 트럼프는 시행 이전에 곧 제재 조치를 철회하겠다고 발표했으며, 북한 역시 한국에 대해서는 남북공동연락사무소 철수라는 강경책을 내세우면서도 미국에 대해서는 비난을 자제하는 모습을 보였다.[30] 북한이 미국과의 관계를 유지하고 싶을 때 우회적으로 불만을 표출하는 수단으로써 대남 강경책을 취한다고 해석할 수 있는 대목이다. 실제로 김정은과 트럼프가 서신을 주고받으며 비교적 미북 간의 관계가 호전된 2019년 8월 말 현재 남북공동연락사무소에서는 북한 측의 거부로 소장회의를 2019년 2월 22일 이후 계속 개최하지 못하고 있다.[31] 이를 통해서도 북한의 대남 강경책은 북한이 미국과 직접 대화를 할 수 있는 상황을 유지하는 한편 미국의 제재 유지에 대한 불만을 드러내는 간접적인 수단임을 알 수 있다. 이러한 일화들에서 알 수 있는 점은, 북한이 한국과의 협력을 그 자체로 가치 있게 여기지 않는다는 것이다. 북한은 한국과의 협력을 어디까지나 미북 위기 협상에서의 카드 중 하나로 여기고 있다. 그리고 그 카드는 비핵화 진전을 위한 중재의 카드가 아니라 대남 압박을 통해 미국의 제재 완화를 이끌어내려는 협박의 카드이다. 실제로 북한은 노골적으로 한국의 중재자론을 계속 조롱해 온 바 있다.[32] 이를 통해 북한의 초점이 비핵화보다는 제재 완화를 통해 정권의 숨통을 틔우

---

30 "북한 매체, 연일 대남 압박…'연락사무소 철수' 함구, 대미 비난은 자제," 한국일보 2019.03.25.

31 "통일차관, 내일 개성연락사무소 출근…소장회의는 또 불발," YTN, 2019.08.23.

32 "'한국 중재자 대놓고 욕한 北 '북·미 관계 참견 말고 빠져라,'" 중앙일보, 2019.06.27.

는 데 있다는 점이 드러난다.

④ 북한은 비핵화와 무관하게 대량 살상이 가능한 재래식 무기 개발에 힘쓰고 있다. 특히 북한은 2019년에만 들어서 일곱 차례 단거리 신형 탄도 미사일을 동해 바다로 쏘아 올리는 도발을 감행했다.[33] 더욱이 북한은 미국과 한국의 정보력을 비웃기라도 하듯 발사대를 모자이크 처리한 후 미국이 단거리 미사일이라고 분석한 것을 대구경 방사포라고 발표하기도 했다. 물론 실제로 북한은 초대형 방사포를 개발해 시험하는 도발도 감행했다.[34] 미국에 대한 북한의 적개심과 체제 위협에 대한 극도의 경계심을 알 수 있는 대목이다. 뿐만 아니라 앞서 언급한 미 국무부의 "2019년도 군비 통제, 비확산, 군축 협정 이행 및 준수에 대한 보고서"에 따르면, 북한이 생물학 무기를 개발한 정황 역시 포착되었다고 한다. 이는 명백히 세균성 또는 유독성 무기의 개발과 비축을 금지하는 생물학 무기 금지 협약을 위반한 행위로, 비핵화를 한다고 해서 북한이 유사시에 대량 살상을 할 수 있는 무기를 갖지 않게 되는 것이 아님을 단적으로 보여준다. 만약 북한이 비핵화를 그 자체로 가치 있는 것으로 여기고 협상에 임하는 것이라면, 그것은 북한이 비핵화를 통해 달성할 수 있는 한반도의 안보 불안 해소를 중시하기 때문일 것이다. 하지만 국제법까지 어겨 가면서 재래식 대량 살상 무기를 생산하고 축적해두는 북한의 행태로 미루어 볼 때, 북한은 한반도의 전쟁 가능성을 낮추고 안정적인 평화를 구축하는 데 별로 관

---

33 "유엔 안보리 오늘 긴급회의…'北 미사일 발사' 논의," 뉴스1, 2019.08.28.

34 "北, '신형 초대형 방사포 성공'…김정은 직접 지도," YTN, 2019.08.26. 다만 이것이 실제 신형 방사포인지에 대해서는 논란이 일고 있다. "미사일 전문가들, '북 신형 방사포, 외국에 유사한 성능 무기 많아…핵 탄두 장착 가능성 판단은 유보," VOA, 2019.08.27.

심이 없는 것으로 판단된다. 따라서, 목적의 일관성을 고려할 때, 북한이 비핵화 협상을 진행함으로써 추구하는 목적 역시 그러한 이상적 가치와는 다른 것일 수밖에 없다.

위의 네 가지 경험적 근거들이 김정은의 북한이 비핵화 협상을 통해 얻고자 하는 것이 무엇인지를 잘 보여준다. 비핵화 협상은 단지 핵무기라는 상징적이고도 파괴적인 대상으로 상대방의 시선을 돌려 자신의 독재 체제를 공고히 할 시간을 버는 수단에 지나지 않는다. 미국과 달리 북한은 비핵화 자체를 목적으로 생각하지 않으며, 따라서 비핵화를 통해 얻게 될 항구적인 평화의 가치에 대해서도 전혀 관심이 없다. 비핵화를 실천하지 않으면서 지속적으로 말을 바꾸는 북한의 행태 뒤에는 체제 붕괴를 지연하고 정상국가로 발돋움할 기회를 포착하려는 저의가 깔려 있는 것이다.

(2) 트럼프-김정은 교류와 북한의 교란 전략

이제 위에서 분석한 북한의 비핵화 협상 참여 동기에 비추어 북한의 김정은이 트럼프를 상대로 벌인 외교 전략을 분석하면서 합리주의와 인지주의의 가설들 중 어떤 것이 미북 비핵화 협상의 전개 과정을 더 잘 설명하는지 검토하고자 한다. 특히 내가 분석 대상으로 삼는 것은 미북 간에 이루어진 두 차례의 정상회담(2018. 06. 12. 싱가포르 회담과 2019. 02. 27-28. 하노이 회담)과 2019년 6월부터 김정은이 트럼프에게 보낸 친서들이 트럼프의 북한 비핵화에 대한 인식에 미친 영향이다. 이것들을 분석 대상으로 삼는 까닭은, 비공개 회담이나 서신과 같이 지도자들 간에 비밀리에 이루어지는 의사소통과 교섭은 의문의 여지없이 값싼 신호를 주고받는 행위이기 때문이다. 인지주의 외교 이론의 가설이 합리주의의 가설과 차이를 보이는 부분을 검증하기 위해서는 값싼 신호가 지도자의 의사결정에 미치는 영향을 살펴봐야 한다. 따라서 나는 김정은과 트럼프 간의 회담과 친서 교환에 대해 앞서 제시한 합리주의와 인지주의의 세 가지 가설 대응쌍을 중심으로 분석을 전개하고자 한다.

1) 위기 협상에서 외교적 의사소통은 빈번히 이루어지는가? 가설 2 대 가설 6

미북 비핵화 협상이 진행되어온 과정에서 비단 트럼프와 김정은의 회담 및 서신 교환만이 외교적 의사소통에 해당하는 것은 아니다. 2017년 9월 북한의 6차 핵실험 이래로 폼페이오는 네 차례 북한을 방문해 비공개 회담을 가졌으며, 미북 비핵화 협상의 주요 논의들은 2019년 8월 현재까지도 비공개 실무회담을 통해 이루어지고 있다. 실제로 어떤 국제적 위기 상황을 보더라도 전개 과정 중에 두 국가 간의 비공개 교섭을 포함하지 않는 위기 상황은 찾아볼 수가 없다.

물론 도중에 교섭이 두절되는 것 역시 빈번한 일이다. 실제로 미북 비핵화 협상에서도 하노이 회담 결렬 이후 미국이 대북 강경 제재 전략을 펼치면서 북한의 반발로 실무 회담이 중지된 바 있다. 하지만 이는 외교 자체가 위기 협상에서 신호를 전달하는 도구로써 잘 사용되지 않을 것이라는 합리주의자들의 주장에 부합하는 현상이 아니다. 합리주의자들은 비공개 회담이나 핫라인 또는 서신과 같이 아무런 담보가 없는 채널을 통해 전달하는 신호가 상대방에 의해 불신될 것이기 때문에 송신자는 그러한 신호를 잘 보내지 않을 것이라고 추론한다. 외교가 두절되었던 것은 외교 자체의 효용에 대한 회의 때문이 아니라 외적 상황 조건의 변화에 따른 일이었다. 때문에 외교적 신호가 전반적으로 지도자들에 의해 불신된다는 가설은 이러한 경험적 관찰을 통해 입증되지 않는다. 오히려 그러한 가설은 미북 비핵화 협상의 양상을 보면 기각될 수 있을 것으로 보인다. 2019년 8월 현재에도 북한과 미국이 실무 협상의 재개를 희망한다는 의사를 서로 타진하고 있다.[35] 만약 합리주의자들의 견해를 받아들여 교섭의 중단이 외교적 신호에 대한 불신에서 비롯된 것이었다고 이해한다면, 어떻게 미북 양측이 모두 교섭의 재개를 희망한다는 사실을 설명할 수 있겠는가? 이는 단순한 합리주의적 신호 전달 이외에 외교적 의사소통이 갖는 별도의 효용에 대해 양측 모두 인정하고 있기 때문에 가능한 것으로 보인다. 때문에 미북 비핵화 협상의 전개과정은 외교적 교섭에 중요한 역할을 부여하는 인지주의의 가설을 뒷받침한다고 할 수 있다.

2) 지도자는 외교를 통해 얻은 정보를 신뢰하는가? 가설 1 대 가설 4

합리주의자들에 따르면 외교에서 주고받는 위협들은 지켜질 것이라는 보장이 없는 값싼 말들이다. 합리적인 지도자들은 이러한 사실을 인지하고 있기 때문에 구태여 그러한 외교적 위협을 귀담아들으려 하지 않을 것이다. 반면, 인지주의에서는 외교를 통해 전달되는 정보가 협상 자체와 관련된 진술들에만 국한되지 않는다는 점에 주목한다. 외교를 통해 지도자들이 접하게 되는 상대방의 가치관, 세계관, 그리고 이미지 따위를 지도자들이 신뢰하느냐는 엄연히 다른 문제이다.

김정은의 언사와 서신에 대한 트럼프의 반응을 보면 합리주의보다는 인지주의가 더 큰 설득력을 얻는 것으로 판단된다. 트럼프가 제1차 미북 정상회담인 싱가포르 회담을 마치고 트위터에 올린 글이나 판문점에서 남

---

35 "한미훈련 끝나고 비건은 '준비 완료'…실무협상 언제 재개되나," 중앙일보, 2019.08.21.

북미 정상이 깜짝 회동을 한 이후 올린 트위터 글을 보면 그는 북한의 비핵화에 대해 확신한다면서도 그 근거로 김정은과 함께 한 "악수"에 의미를 부여하고 있다.[36] 이는 협상가로서 자신의 능력을 과신하는 트럼프의 면모를 보여주는 것으로 볼 수도 있지만, 그와 별개로 트럼프가 자신의 능력을 돋보이게 해줄 근거로 악수로 상징되는 회담 과정에서의 교감과 개인적인 친밀감 형성을 중시하고 있다는 점은 명백한 사실이다. 또한 트럼프는 동 회담 이후 2018년 7월 5일 몬태나 주 엑스포파크 연설에서도 김정은과 자신이 서로를 이해하고 있으며 김정은이 지금까지 북한이 걸어온 길과는 전혀 다른 미래를 그리고 있다고 말한 바 있다.[37] 여기서 주목할 점은 그가 비핵화 협상 사안 자체에 대해 구체적인 타결점을 찾고 그에 대해 유세하는 것이 아니라는 점이다. 그는 오히려 김정은이 제시한 미래상, 즉, 김정은의 국제정치적 이상에 대해 언급하고 있다. 이는 인지주의의 가설에 부합하는 것으로, 트럼프는 싱가포르 회담에서 말로 전해들은 김정은의 이상을 신뢰하는 모습을 보이고 있다.

하노이 회담이 결렬된 이후에도 트럼프는 제재 국면을 강화하는 한편 김정은의 "진심"을 신뢰하는 모습을 보여 왔다. 트럼프는 지속적으로 김정은을 "좋은 친구"라고 부르고 있는데, 이는 그가 회담 과정을 통해 나눴던 교감을 중시하는 태도를 보여준다.[38] 트럼프는 또한 김정은이 보낸 친서에

---

36 https://twitter.com/realdonaldtrump/status/1144740178948493314 Retrieved 2019.08.29.

37 "Trump praises North Korea after missile tests rattle region," PBS, 2019.08.02.

38 "Trump defends Kim Jong Un as 'friend' after short-range missile launch," *The Hill*, 2019.08.02.

단거리 탄도 미사일을 발사한 데 대해 사과하는 내용이 있었다고 밝힌 바 있다.[39] 그러면서 그는 김정은의 입장을 이해한다는 말을 덧붙였다. 이러한 사과를 진심으로 받아들이는 트럼프의 태도는 그가 실제로 김정은을 좋은 협상 파트너로 인식하고 있음을 잘 보여준다. 직접 면대면 협상을 통해 김정은의 가치관을 이해하고 그에 대한 친구로서의 이미지를 형성하게 됨에 따라 트럼프는 김정은을 전반적으로 신뢰할 수 있는 인물로 평가하게 된 것이다. 그리고 그러한 이미지는 김정은이 개인적 외교를 통해 보여준 이상과 트럼프를 바라보는 시각 등으로부터 강한 영향을 받아 형성되었다고 할 수 있다.

문제는, 그의 여러 트윗과 연설에서 볼 수 있듯이, 트럼프가 이러한 개인적 외교의 정보들을 근거로 하여 김정은이 비핵화를 달성하려는 굳은 의지를 갖고 있다고 추론한다는 데 있다. 개인적 외교의 정보는 엄연히 협상 사안 자체와 아무런 논리적 연관성을 갖고 있지 않다. 더욱이 그러한 정보는 평가적인 것이기 때문에 애초에 상대방의 의도를 파악하는 데 사용할 수 없는 불확실한 정보이다. 그럼에도 트럼프는, 앞서 살펴봤듯이, 이러한 정보를 알게 모르게 김정은의 비핵화 의지의 신뢰성을 판단하는 데 근거로써 사용하고 있다. 이러한 관찰 결과는 인지주의의 주장대로 상대방이 갖고 있는 이미지와 가치관으로부터 그와 전혀 무관한, 협상에 임하는 상대방의 의도를 추론해내는 불합리적 면모를 보여준다.

---

39 "Trump says Kim wants to meet again and gave 'small apology' for missile tests," *The Guardian*, 2019.08.10.

3) 외교는 속임수의 수단인가, 아니면 교란의 수단인가? 가설 3 대 가설 5

트럼프가 김정은과의 개인적 외교를 통해 얻은 정보를 신뢰한다는 점을 인정한다면, 다음 단계로 그 정보가 트럼프의 판단에 어떤 영향을 미쳤는지, 그리고 그 영향이 트럼프를 속임으로써 확보된 것인지 아니면 교란에 의한 것인지를 살펴보는 작업이 필요하다. 우선 김정은의 개인적 외교가 트럼프의 판단에 영향을 끼쳤다면, 그것이 트럼프를 속임으로써 달성된 것이 아님은 분명하다. 왜냐하면, 앞서 정의한 대로, 개인적 외교를 통해 얻는 정보는 사실적인 것이 아니라 평가적인 것이다. 평가적인 언술은 그것이 담고 있는 가치를 어떻게 해석하느냐에 따라 그 의미가 다르게 읽히기 마련이다. 따라서 김정은이 특별히 거짓말로 사실 관계를 왜곡하여 트럼프에게 전달해 그를 조작하려는 시도는 딱히 없었다. 하노이 회담 당시 전면적인 비핵화 약속을 어기고 영변 핵시설 폐기로 말을 바꾸었지만, 이미 미국측 첩보에 의해 핵 처리 시설의 위치가 공개된 상황에서 한 행동이라는 점을 감안할 때, 이것이 정말로 트럼프를 비롯한 미 지도부를 속이기 위함이었는지 아니면 단지 협상을 질질 끌어 정권의 존속 가능성을 높이려는 시도였는지는 모를 일이다. 때문에 북측이 단계적 비핵화로 급선회하여 하노이 회담이 결렬된 것만으로 김정은이 거짓말을 통해 트럼프를 속이려 했다는 점을 증명할 수는 없다. 따라서 지도자들이 상대방에게 자신의 사적 정보를 왜곡하여 전달함으로써 위기 협상의 승자가 되고자 한다는 합리주의의 가설은 이 사례에 적용될 수 없다.

오히려 개인적 외교는 교란을 통해 트럼프의 판단에 영향을 끼친 것으로 파악된다. 나는 앞서 트럼프가 미북 비핵화 협상에 관심을 갖고 있지 않았다는 합리주의자들의 주장에 동의할 수 있다고 말했다. 적어도 협상 초기에는 말이다. 그런데 김정은이 트럼프에게 유화적이고 우호적인 제스

쳐들을 취하면서 트럼프의 인식이 어떻게 바뀌었는지 살펴볼 필요가 있다. 가령, 김정은은 두 차례 회담을 통해 트럼프에게 평화를 추구하며 최대한 북핵 문제를 대화로써 해결하고 싶어 하는 사람이라는 이미지를 강하게 심었다. 즉, 근본적으로 자신은 충분히 말이 통하는 지도자임을 어필한 것이다. 또한 그는 트럼프에게 친서를 보내 한미연합군사훈련을 북한에 대한 전쟁 위협이며 대화로 문제를 해결하고픈 자신의 진심을 외면하는 적대적 행위라고 비판하며 평화를 추구하는 자신의 이미지와 대비하여 한국에 호전적 침략자의 이미지를 덧씌웠다.[40]

대화가 통하는 북한과 군사적 압박을 가하는 한국의 극적 대비가 트럼프의 미북 비핵화 관련 판단에 끼친 영향은 교란 효과로 규정하여 설명할 수 있다. 교란 효과의 일차적 결과는 지도자가 위기 협상 과정에서 제기되는 여러 값비싼 위협적 신호들을 신호 송신자가 원하는 방향(신뢰성이 높거나 또는 낮거나)으로 해석하게 된다는 것이다. 김정은의 서신을 받고 난 후 트럼프의 공식적인 언사들을 보면 실제로 북한의 도발을 대수롭지 않게 축소 해석하는 경향이 관찰된다. 대표적으로, 북한이 5차례 단거리 탄도 미사일을 발사했음에도 불구하고 트럼프는 김정은이 "장거리" 탄도 미사일과 핵 무기를 개발하거나 실험하지 않기로 한 자신과의 약속을 어기지 않았다며 김정은을 두둔하는 모습을 보였다.[41] 단거리 탄도 미사일이 미국 본토에까지 닿지 않는 무기라고 해서 신식 무기를 개발하는 행위

---

40 "北 매체, 한미훈련 비난…'군사적 위력 시위는 한미 향한 경고," KBS, 2019.08.17.

41 "Trump defends Kim Jong Un as 'friend' after short-range missile launch," *The Hill*, 2019.08.02.

자체가 위협의 표현이 안 되는 것은 아니다. 이는 전쟁을 불사하겠다는 의지를 갖고 비용과 시간을 많이 들여야 전달할 수 있는 값비싼 위협 신호이다. 더군다나 주한미군이 한국에 주둔하고 있는 상황에서, 명백한 군사적 위협 신호를 단지 약속을 어기지 않았다는 이유로 용인하는 것은 트럼프가 북한이 가하는 전쟁 또는 국지전 위협의 신뢰성을 낮게 평가하고 있다는 방증이다. 그리고 그러한 판단의 근거로 트럼프가 항상 언급하는 것이 바로 김정은의 친서이다. 심지어 그것은 비핵화에 대한 약속이나 군축에 대한 구체적 대안도 없는 친서인데도 말이다. 그것에 담긴 김정은의 평화에 대한 지향과 트럼프에 대한 좋은 친구로서의 이미지 등이 트럼프의 사고 과정에서 인지 요인으로 작용하기 때문에 인지적 일관성을 유지하려는 트럼프의 사고는 (아무런 경험적 근거에 기반을 두지 않고) 무의식적으로 그러한 우호적 이미지를 협상에 대한 김정은의 태도에 연관 짓는다. 인지주의가 맞는다면, 이 때문에 트럼프는 북한의 도발과 위협을 상대적으로 가볍게 여기게 되는 것으로 보인다.

문제는 여기서 끝나지 않는다. 김정은이 트럼프로 하여금 북한의 도발을 웃어 넘기게 만들고 또 자신을 대화 가능한 협상 파트너로 인식하게끔 하는 데에는 이유가 있을 것이다. 북한의 궁극적인 비핵화 협상 참여 동기가 체제에 대한 위협을 제거해 정권을 존속하려는 것이라는 점을 인정할 때, 이는 한반도에서 직접적으로 북한을 압박하는 한미 동맹을 붕괴시키려는 의도로 보인다. 트럼프와 같이 자신만만한 협상가가 김정은을 상대로 혼자서 협상을 진행해도 비핵화를 끌어낼 수 있을 것이라고 확신한다면, 트럼프는 동맹 관계를 중시하지 않게 될 것이다. 더욱이 트럼프는 대통령 당선 이전부터 한국의 방위비 분담 문제를 걸고 넘어졌고, 2019년 8월 현재까지도 미국은 한국의 방위비 분담금을 5~6배 증액할 것을 요구하고 있다.[42] 이처럼 트럼프는 애초부터 한미 동맹에 대해 비용이 많이 드는 골칫덩이 동맹이라는 생각을 갖고 있었다. 김정은이 트럼프에게 한국을 쓸데없이 전쟁 분위기를 조성하는 호전적 국가로 각인시키는 것은 북한에 진정한 전쟁 의지가 없음을 강조함으로써 트럼프의 기존 신념을 강화하여 한미 동맹의 틀에서 벗어나 미북 비핵화 협상 자체에 보다 큰 관심을 갖게 하려는 전략이라 할 수 있다. 그리고 이 전략의 핵심이 바로 북한의 무력 도발이 지니는 신뢰성을 의도적으로 떨어뜨리는 교란 효과이다. 트럼프가 김정은과 협상만을 통해서 문제를 해결할 수 있을 것이라고 확신하면 확신할수록, 북한 입장에서는 군사훈련을 중단하고 제재 조치를 완화하거나 심지어 주한미군이 철수하는 것까지 기대해 볼 수 있기 때문이다. 이를 통해 독재 체제를 존속하고 영구 집권의 발판을 마련하는 것이 북한의 목적인 것으로 보인다. 실제로 김정은의 친서를 받은 후 트럼프는 연일 한미 연합군사훈련이 완전한 돈 낭비라는 발언을 연일 이어 갔다.[43] 특별히 값비싼 신호를 통한 비핵화의 의지 표명 따위가 없었음에도 불구하고 이러한 트럼프의 한미 동맹 경시 및 북한 우호의 태도가 지속되는 것을 보면 인지주의의 교란 효과 가설이 합리주의의 가설보다 타당함이 입증된다고 할 수 있다. 트럼프의 북한 위협 인식이 해석에 따라 그 의미가 판이하게 달라질 여지가 큰, 김정은의 이상이나 국제정치관의 영향만으로도 급격히 북한이 원하는 방향으로 변화하고 있다는 것은 인지주의 외교 이론을

42 "볼턴, 정경두 만나서도 방위비 압박…48억달러 명세서 내밀며 증액 요구했다," 동아일보, 2019.08.16.

43 "트럼프, '한미훈련은 필요 없었다'"…김정은 달래고 한미 분담금 압박," 서울신문, 2019.08.27.

통해서만 설명 가능한 놀라운 일이다.

4. 결론

나는 북한의 미북 비핵화 협상 전략을 분석함으로써 인지주의가 합리주의보다 현상을 잘 설명한다는 점을 밝혔다. 합리주의자들의 공언대로 트럼프는 협상 초기에 북한 이슈에 비교적 무관심한 모습을 보였다. 하지만 미북 정상회담이 진행되고 서신까지 주고받는 지경에 이르면서 트럼프는 김정은을 자신의 좋은 협상 파트너로 바라보게 되었고, 그가 친서 등을 통해 약속하는 내용들이 어느 정도 신뢰할 만한 것이라고 생각하기까지 하게 되었다. 이러한 과정에서 핵심적인 역할을 한 것은 비핵화에 대한 구체적인 약속이 아니라 김정은의 개인적 외교였다. 김정은은 친서를 통해 구체적인 비핵화의 안을 제시한 적도 없거니와, 하노이 회담 역시 단계적 비핵화로 말을 바꾸면서 미국의 전면적인 제재 완화를 요구해 결렬된 바 있다. 김정은이 친서를 통해 전달했던 것은 오히려 그의 국제정치관과 트럼프와 자신의 이미지에 대한 자신의 생각이었다. 그는 트럼프가 자신의 좋은 친구임을 밝혔고, 미북 비핵화 협상이 대화를 통해 해결되어야 한다고 주장했다. 나아가 한국이 전쟁 게임을 하고 있다며 한미연합군사훈련을 비난하는 한편 자신은 전쟁보다 평화를 지지하는 사람임을 밝혔다. 이를 접한 트럼프는 2019년 북한이 수차례 단거리 탄도 미사일을 발사해도 북한이 자신과 장거리 미사일 및 핵무기 실험을 하지 않겠다는 약속을 어기지 않았다며 북한의 무력 도발의 의미를 축소하여 해석하고 그 위협의 신뢰성을 낮게 평가하는 식으로 2017년 북한 6차 핵실험 당시와는 변화된 인식을 보였다. 이러한 변화는 김정은이 트럼프에게 거짓 정보를 전달했기 때문에 발생한 것이 아니다. 대신, 이는 김정은이 트럼프에게 협상 자체와는 전혀 관련이 없는 평가적 진술들을 전달한 결과 발생한 교란 현상이다. 김정은은 트럼프가 당선 이전부터 한미 동맹의 방위비 분담 문제 등을 두고 한국을 비난했던 것에 착안하여 한국에 쓸데없는 동맹이자 과잉 안보 불안 국가라는 이미지를 덧씌우는 한편 자신은 말이 통하는 평화의 수호자라는 이미지를 강조했고, 그 결과 트럼프가 북한과의 직접 협상에 관심을 가지는 한편 한미동맹을 소홀히 인식하게 되는 변화를 초래했다. 북한의 합리적 동기가 독재 체제의 존속임을 감안할 때, 김정은은 교란 전략을 통해 트럼프가 군사적 위협의 신뢰도를 낮게 평가하게 만들고 이를 통해 발생하는 한미 간의 인식 격차를 이용해 오랫동안 눈엣가시로 여겨온 주한미군 중심의 한미동맹을 와해시키려는 의도를 갖고 있다고 볼 수 있다. 결국 김정은 등 북한 수뇌부가 직접 미북 비핵화 협상에 참여하는 것은 한미 공조에 균열을 만들어 궁극적으로 체제에 대한 위협을 해소하기 위함일 뿐인 것이다. 이러한 현상은 개인적 외교라는 메커니즘에 의거해 이루어진다는 점에서 기존 합리주의의 틀 내에서는 설명될 수 없는 것이며, 따라서 나는 인지주의 외교 이론이 이를 보다 잘 설명한다고 생각한다.

이러한 경험적 사례 분석이 제시하는 인지주의 외교 이론의 함의는 다음과 같다.

첫째, 외교는 보다 은밀하게 위기 협상의 결과에 영향을 미친다. 외교의 여러 단면 중에서도 협상 결과에 영향을 끼치는 것은 개인적 외교로, 이를 통해 전달되는 상대방의 이미지와 세계관은 행위자로 하여금 무의식적으로 그러한 정보와 상대방이 협상에서 보이는 태도 또는 제시하는 조건 등에 대한 정보 간의 인지적 일관성을 구하게끔 만든다. 이를 통해, 합리주의자들의 오랜 주장과 달리, 외교는 직접적으로 협상 결과에 영향을 미친다.

둘째, 외교의 교란 효과가 경험적으로 검증된 이상, 모든 국가 지도자들을 합리적 행위자로 치부하는 것은 잘못된 가정임이 명백하다. 적어도 어떤 지도자들은 아무런 경험적 근거에 의해 뒷받침되지 않는 상대방의 말을 믿어서는 안 된다고 의식적으로 배제하지 않는다는 점에서 비합리적이다. 이들은, 트럼프가 그러하듯이, 인지 요인으로 자리잡은 개인적 외교의 정보들에 의해 무의식적으로 영향을 받는다. 전혀 검증되지 않은 정보들 간의 일관성을 찾는 사고 과정은 명백히 비합리적인 것이다. 때문에 모든 지도자가 합리적이라고 가정한다면 우리는 교란 효과라는 외교의 중요한 기능을 규명하지 못할 수밖에 없을 것이다.

셋째, 외교를 통해 획득한 정보는, 그것이 어떤 내용을 담고 있건 간에, 상대방의 행위를 통해 관찰되는 경험적 증거와 일관된 것인지 검토되어야 한다. 특히 사실관계에 대한 값싼 신호가 아니라 지나가는 언사로 사소하게 넘기기 쉬운 평가적 진술들에 대해서도 그러한 검증을 하는 것이 향후 자신도 모르게 발생할 인지적 착오를 예방하는 데 중요한 역할을 한다. 앞서 언급했듯이, 평가적 진술을 참 또는 거짓으로 평가하는 것은 상당히 어려운 일이다. 하지만 적어도 우리는 어떤 평가적 진술이 의미하는 바가 무엇인지 해석하기 위해 그 진술의 발화자가 평소 어떤 입장을 취해 왔으며, 또 어떤 행태를 보여 왔는지를 관찰할 수 있다. 만약 그 평가적 진술이 평소의 행태와 일관된다면, 우리는 그 진술을 신뢰성 있는 것으로 받아들일 수 있다. 만약 그렇지 않다면, 우리는 그의 평가적 진술을 의심해 봐야 한다. 물론 두 경우 모두에서 명심해야 할 것은, 평가적 진술이 결코 위기 협상 사안에 대한 상대방의 의사를 직접적으로 나타내는 경험적 근거가 될 수 없다는 점이다. 평가적 진술은 상대방의 일반적인 경향성 또는 지향점을 드러낸다는 점에서 높게 평가해줘야 기껏 상대방의 의중에 대한 심증 정도로 활용될 수밖에 없을 것이다. 합리적 지도자라면, 평가적 진술의 의미를 해석하는 작업은 그것을 증거로 삼기 위함이 아니라 자신의 인지적 오류를 사전 예방하기 위함이라는 점을 항상 명심해야 한다.

마지막으로 이러한 논의의 한계를 지적하면서 글을 마무리하고자 한다. 인지주의 외교 이론이 주목하는 것은 개인적 외교가 *지도자*의 위협 인식과 나아가 의사결정에 어떤 영향을 미치는가 하는 부분이다. 이 이론이 실제 한 국가의 정책 결정을 설명하는 힘을 갖기 위해서는 지도자가 국가 정책 결정에 미치는 영향력이 크다는 점이 전제되어야 한다. 이는 국제정치학에서 오랫동안 논쟁점이 되어 온 분석 수준의 문제(the level of analysis problem)에서 첫 번째 수준의 요인들, 즉, 개인-특히 외교 수뇌부 등 엘리트 집단 소수-의 심리 상태 및 개인적 특질 등이 국제정치의 현상들을 설명하는 데 가장 핵심적인 요소라는 주장과 맥을 같이 하는 것이다. 다만 현재까지 첫 번째 수준의 분석을 옹호하는 이론적 논의들과 그에 대한 사례 연구는 비교적 많이 제시되어 있는 편이나,[44] 어떤 상황 조건

44 Daniel L. Byman and Kenneth M. Pollack, "Let Us Now Praise Great Men: Bringing the Statesmen Back In," *International Security* 25(4): 2001, 107–46; J. M. Goldgeier and P. E. Tetlock, "Psychology and International Relations Theory," *Annual Review of Political Science* 4: 2001, 67–92; Emilie M. Hafner-Burton et al., "The Behavioral Revolution and International Relations," *International Organization* 71(Supplement): 2017, S1–S31; Joe D. Hogan, "Does Decision Making Matter? Systematic Assumptions vs. Historical Reality in International Relations Theory," *International Studies Review* 3(2): 2001, 5–46; Robert Jervis, "Do Leaders

하에서 외교적 의사결정에 대한 지도자들의 영향력이 강화되고 약화되는지에 대한 경험적 분석, 특히 통제된 실험 하에서의 인과추론이나 다량의 사례(large-N)를 관찰하여 내린 통계적 추론에 따른 검증은 부족한 것이 현실이다. 실제로 미·북 비핵화 협상 사례에서 인지주의 외교 이론의 가설들이 검증될 수 있었던 것은 트럼프와 김정은이 모두 자신의 견해를 웬만하면 고수하려 하는 강력한 지도자들이기 때문이라는 점을 간과해서는 안 될 것이다. 따라서 나는 이 글의 결과가 미북 비핵화 협상 이외에도 실제 수많은 사례들에서 관찰될 것이라고 예측함으로써 과도하게 의미를 부여하는 일은 지양하고자 한다. 이는 향후 경험적 연구들을 통해 보다 엄밀히 검증되어야 할 문제이다.

Matter and How Would We Know?" *Security Studies* 22(2): 2013, 153-79; Joshua D. Kertzer, "Microfoundations in International Relations," *Conflict Management and Peace Science* 34(1): 2017, 81-97; Rose McDermott, *Political Psychology in International Relations* (Ann Arbor: University of Michigan Press, 2004); Jonathan Mercer, "Rationality and Psychology in International Politics," *International Organization* 59(1): 2005, 77-106; Alex Mintz, "Behavioral IR as a Subfield of International Relations," *International Studies Review* 9(1): 2007, 157-72; Janice Gross Stein, "The Micro-Foundations of International Relations Theory: Psychology and Behavioral Economics," *International Organization* 71(Supplement): 2017, S249-S263.

나오면서

자유와 민주의 경계를 넘어서

이태운 |

페이스북에 "자유주의"를 검색하면 – 구독자 수 기준으로 – 대표적인 페이지 두 곳이 나타난다. 하나는 "자유주의 – Liberalism" 페이지다. 약 12만 명의 구독자를 보유한 이 페이지의 최근 게시물들은 미투(Me Too) 운동과 관련된 성폭력 무고죄 피해자들에 관한 것, 토지공개념이 중국식 토지 국유화에 해당한다는 비판, 북한 김영철 부위원장의 평창 파견에 대한 비판, "문재인 케어"의 문제점에 관한 것들이다. 또 다른 페이지의 명칭은 "자유주의 한 구절"이다. 약 1,300명이 구독하는 이 페이지는 자유주의와 관련된 다양한 어록이나 문구를 게시하고 있다. 이 페이지가 최근 게시한 구절들은 주로 삼성 이병철, 프리드리히 하이에크, 현대 정주영, 밀턴 프리드먼, 박정희, 로널드 레이건의 어록으로 구성되어 있다. 이 페이지의 한 게시물은 토머스 제퍼슨의 사진과 함께 "민주주의는 51% 사람들이 49%의 권리를 빼앗는 '군중 지배' 그 이상도 이하도 아니다."라는 구절과 함께 민주주의 제도에 대한 비판을 드러낸다.

같은 방식으로 “민주주의”를 검색해보면 역시 여러 명칭의 페이지를 볼 수 있다. 구독자 수는 “자유주의” 키워드와 관련된 페이지보다는 적지만 대표적으로 약 1,500명의 구독자를 보유한 “온라인 저널리즘과 민주주의 Online Journalism & Democracy” 페이지가 있다. 이 페이지는 현직 기자가 운영하는 페이지로, 언론과 사회, 기업과의 관계 등을 다루며 언론의 자유에 관한 정보를 주로 게시하고 있다. 약 650명이 구독하는 “모든 이의 민주주의” 페이지는 민주주의, 인권, 복지 등과 관련한 여러 세미나와 도서를 소개한다.

물론 위의 예시들은 적절한 방식으로 추출되지 않았으므로 대표성을 띤다고 할 수는 없지만, 한국 사회에서 “자유주의”와 “민주주의”라는 단어가 이해되고 사용되는 방식을 들여다볼 수 있는 실마리를 던지고 있다. 자유주의는 주로 경제적 자유주의로 받아들여진다. 자유주의는 자유시장경제를 토대로 개인과 기업의 경제활동의 자유, 정부의 간섭과 규제 철폐, 분배에 우선하는 성장과 발전, 자유경쟁으로 인해 발생한 불평등에 대한 수긍 등과 관련된다. 한편, 과한 민주주의적 요소와 이로 인한 큰 정부의 출현에 대한 우려와 불만도 나타난다.

반면 민주주의는 정치적 자유주의와 가까운 의미로 사용된다. 여기에서 자유주의는 법의 지배와 공정성, 정의, 그리고 언론, 출판, 결사의 자유를 의미한다. 정치적 자유주의는 개인의 정치적 자유를 보장하기 위한 기초적 인권 보호와 복지, 평등, 분배, 그리고 이를 위한 정부의 개입에 대해 긍정적인 태도를 보인다. 인간다운 삶을 보장하고 정치적 참여를 끌어내는 것이 정치적 자유주의의 주된 목적이다.

따라서 다소의 비약을 감안한다면, 한국에서 자유주의는 우파적 가치(지향)와 연관되어 사용되고 있지만, 민주주의는 좌파적 가치와 관련되어 쓰이고 있다고 볼 수 있다.

이러한 용례는 세 가지 문제점을 지닌다. 첫째, 민주주의에 주목하는 이들이 자유주의를 오로지 경제적 자유주의로만 받아들이도록 이끌 수 있다. 그러나 자유주의는 경제적 자유주의 외에도 정치적 자유주의와 문화적 자유주의를 포함한다. 특히 한국이 기반을 두고 있는 민주주의 체제가 경제적 자유주의뿐만 아니라 정치적, 문화적 자유주의도 추구한다는 점을 고려했을 때, 자유주의 자체를 경제적 자유주의에 국한해서만 이해하는 방식은 자유주의를 지나치게 협소하게 정의하는 오류에 빠질 수 있다.

둘째, 자유주의와 민주주의가 상충하는 이념으로 보이게 된다. 위와 같은 이해에 따르면 자유주의는 성장과 작은 정부, 자유 경쟁과 불평등을 중심으로 한 우파적 가치를 추구하는 반면, 민주주의는 분배와 큰 정부, 평등을 중시하는 좌파적 가치를 추구하기 때문이다. 물론 인민민주주의와 같이 자유주의가 부재한 민주주의 체제가 존재하며, 반대로 과한 자유지상주의로 인한 양극화와 불평등은 민주적 정치 참여를 제한할 수 있다. 그러나 두 이념이 항상 상충하는 것은 아니며 오히려 상호견제를 통해 더 성숙하고 안정된 체제를 만들어낼 수 있다.

셋째, 그러므로 자유주의와 민주주의의 결합체로서 자유민주주의의 역동성을 간과하게 된다. 자유민주주의는 성장과 분배, 불평등과 평등, 방임과 개입 사이를 오가며 다양한 정치적 지향과 정책을 통해 균형 잡힌 사회적 결실을 낳는다. 따라서 자유민주주의는 "자유"나 "민주" 한쪽의 시각만으로는 온전히 이해할 수 없다. 자유민주주의를 정확히 바라보려면 둘 사이의 역동적인 견제와 상호보완 과정을 포괄하는 시각이 필요하다. 그러나 자유주의와 민주주의를 철저히 대립하는 것으로 이해하는 관점은 이와 같은 시각을 어렵게 한다.

신문이나 뉴스에서 낯선 단체나 조직이 거론될 때, 그들이 정치적 스펙트럼에서 어디에 속해 있는지 가장 손쉽게 파악하는 방법은 단체명, 조직명에 "자유"가 들어있는지, 아니면 "민주"가 들어있는지 확인해보는 것일 정도로 자유주의와 민주주의는 상반되는 의미로 사용되고 있다. 이 둘 사이의 간극을 메우고 서로 간의 교류와 이해를 촉진하기 위해서 가장 필요한 것은 의사소통과 심의가 아닐까 싶다. 의사소통과 심의를 통해 우리는 서로의 시각을 접하며, 각자의 의견을 더 다듬고 공고화하거나, 때로는 수정하고 폐기하며 의사소통의 합리성을 증진할 수 있다. 또한, 이를 통해 우리는 양립 불가능할 것으로만 여겨졌던 사고방식이 사실은 유사한 이념에 기반하고 있다는 점을 알게 될 것이다. 의사소통과 심의는 우리가 보다 폭넓고 정확한 정보를 얻도록 한다. 양질의 정보는 더욱 단단하고 건강한 자유민주주의 사회를 위한 디딤돌이라 할 수 있다. 우리 사회에 합리적 의사소통과 심의의 문화가 널리 정착되어 자유주의와 민주주의가 더욱 조화롭게 어우러지길 바란다.

성숙한 시민사회를 만들기 위해서 자유를 어떻게 이해할 수 있을까?

송인재

"자유"라는 단어를 들으면 무엇이 떠오르는가? 나는 시험기간 도서관에서 보는 벚꽃, 돈 없을 때 길에 보이는 예쁜 옷, 밤에 시키는 치맥, 홧김에 떠나는 여행, 욜로(YOLO), 최루탄 연기가 떠오른다. 영화나 다큐에서 접한 마지막 예를 제외하고는 개인적인 경험과 연관되어 있다. 주로 무언가를 하고 싶은데 하지 못할 때, 자유에 대해 생각한다. 구체적으로 떠오르는 것은 각자 다르겠지만, 그 자유를 누리지 못하는 상황과 연관된다는 점에서는 비슷하리라 본다.

그렇다면 "자유주의"라는 단어를 들으면 무엇이 떠오르는가? 나는 시장에서의 자유경쟁, 간통죄 폐지, 정치적 관용 등이 떠오른다. 이들의 공통점은 무언가 자유를 중시하고 있다는 점 빼고는 잘 포착되지 않는다. 자유라는 단어 자체가 포함하는 의미가 상당히 포괄적이고 추상적이기 때문이다. 그런데 "자유주의"라는 사상만이 자유를 중시하는가? 현대 사회에 존재하는 사상 중에 자유를 중시하지 않는 경우도 있는가?

우리는 자유주의라는 단어에 익숙함에도 불구하고, 자유주의를 민주주의라는 개념에 기대지 않고 정의하기는 매우 어렵다. 따라서 나는 직접 자유의 개념을 다루기 보다, 머츠의 주장을 살펴보며 현실 속 시민사회에서 자유가 어떻게 구현될 수 있는지에 집중하고자 한다.

머츠가 다룬 미국사회와 한국사회의 시민들이 동일한 방식으로 사고 및 행동을 한다고 가정하면(이를 경험적으로 밝혀내려면 같은 종류의 실험을 한국에서도 해야 하지만), 한국 시민들이 상대방의 의견을 숙고할 수 있는 민주 시민이 되는 데 정치 참여의 증대가 항상 도움을 주는 것은 아니다. 정치적 참여를 확대하면 당파성(partisanship)이 증대되어 정치적 관용의 가능성이 적어지고, 집단의 정치적 관점이 극단화되면서 상대방을 비상식적인 집단으로 보거나 악으로 치부할 가능성도 있기 때문이다.

그렇다고 머츠가 정의한 심의에 따라 정치적 반대관점에 노출된다고 해서 민주사회의 성숙한 시민이 된다고 단언하기도 어렵다. 머츠의 주장은 참여와 심의가 현실에서 양립 불가능하다는 것이고, 이때 심의는 검증을 위한 최소한의 조건만으로 조작화 되었기 때문이다. 심의 민주주의는 심의가 의사결정의 중심이 되는 민주주의 형태이고, 인간의 이성을 사용한 대화와 담론을 중시한다는 점을 고려한다면, 결국 머츠가 검증을 위해 제외한 심의 민주주의의 이상적 특징이 현실에서 어떻게 구현될 수 있는지를 다루어야 "성숙한 시민"을 구체화할 수 있다고 본다.

이 부분을 차치하고서도 여전히 의문은 남는다. 머츠가 정의하는 네트워크 이질성은 얼마나 정치적 의견이 달라야 할까? 동질적 네트워크에서도 구체적 사안마다 의견이 다를 수 있지 않을까? 정치 스펙트럼에서 중도에 해당하는 사람들이 "고립된 심의(enclave deliberation)"를 통해 각자의 정치적 관점을 강화하고 격려하는 것이 더 나은 사회를 만들기 위한 보다 현실성 있는 방안은 아닐까? 본문에 언급된 바와 같이 관점 수용 능력이 낮은 사람들은 통계적으로 유의미한 수준은 아니지만 정치적 관용이 떨어졌는데, 이들에게는 반대의견에 노출되는 것이 실질적으로 의미가 없다고 할 수 있지는 않을까? 또한 연구결과에 따르면 직장이나 친척/친구/지인 범주에서 정치적 대화가 많이 일어나는데, 이들과 의견 불일치 정도는 대체로 낮으니 반대의견에 더 많이 노출되기 위해서 내 입장을 바꾸는 노력이라도 해야 할까?

나는 현실에서 굳이 정치적 입장을 바꿔가면서 대화하거나 임의적으로 반대관점에 노출되기 위해 새로운 관계를 만드는 일보다, 스스로 자유란 무엇인지, 민주적 시민이 무엇인지 생각해보는 게 중요하다고 생각한다. 스스로 생각하는 것은 그리 어렵지 않으며, 오히려 현재 한국 사회는 이러한 생각을 쉽게 할 수 있도록 변해가고 있다고 본다. 왜냐하면 자유는 "개인(individual)"이라는 핵심적인 개념을 담지하고 있기 때문이다. 자유주의에 대한 정의는 매우 다양하지만, 공통적으로 "개인"이 들어가 있다. 자유라는 단어를 들었을 때 떠오르는 느낌은 "내"가 느끼는 것이고, 시장에서 일어나는 자유경쟁도 "이기적이고 합리적인 개인"이 행위자이며, 간통죄 폐지도 "개인"의 성적 자기결정권을 국가가 침해할 수 없다는 의미이다. 마찬가지로 정치적 관용 역시 "나"와 "너"의 정치적 견해는 다르지만 "내"가 내 의견을 옳다고 생각하듯 "너"도 너의 의견을 옳다고 생각하기 때문에 다름을 받아들이겠다는 의미이다. 즉, 나는 한국의 시민들이 성숙한 민주사회의 행위자가 되기 위해서는 "개인"이라는 존재의 발견 및 규정을 방해하는 요인들로부터 자유로워야 한다고 생각한다. 이는 애초에 개인이 존재하지 않았다는 의미가 아니라, 한국사회에서 분명하게 드러나지 않았던 "개인"이라는 존재를 다시금 생각해본다는 의미이다. 평소에 생각하지 않고 너무도 당연하게 여겼던 "개인"에 대해 생각해 본다는 것이 어렵게 느껴질 수도 있지만, 나는 이미 이 개념이 우리 사회에서 구체화되고 있기 때문에 그다지 어렵지 않을 것이라 생각한다.

나는 2016년 "촛불 혁명"이 일던 광화문에서, 양심적 병역거부자(conscientious objector)가 잇따라 무죄판결을 받는 것을 보면서, 2018년 초부터 전방위적으로 일어났던 미투(Me Too) 운동을 보면서 우리가 "개인"에 대해 생각할 기회가 늘어나고있다고 생각한다. 추상적으로 개인을 이해하는 것이 아니라, 구체적인 상황 속에서 "나"와 "너"를 이해한다는 뜻이다.

2016년 말부터 2017년 초까지 "이게 나라냐?"라며 광화문에 모였을 때, 나는 시민들이 정치적 요구를 통해 "개인"이라는 개념을 구체화했다고 느낀다. 각 시민들은 대통령의 권력과 권위를 "내가" 주었다는 점을 재확인했다. 사실은 내가 투표권을 행사하기도 전에 대통령제는 있어 왔고, 투표용지에 내가 가장 낫다고 생각하는 후보자를 찍는다고 나의 주권이 양도되는 순간이 보이지도 않는다. 그럼에도 내가 투표를 함으로써 지도자를 선택했고 당연히 주권은 나에게 있기 때문에 지도자가 국정을 잘 이끌지 못할 때는 그 권한을 다시 가져와야 한다고 생각한다. 또한 이런 생각을 가진 사람들이 한 장소에 모여 요구함으로써 그 목적을 달성한다. 개개인의 주권을 자각한 시민들이 자발적으로 참여해서 성숙한 시민사회를 만들어낸 것이다.[1]

---

1 현 시점에서 당시의 "촛불"이 규정하는 범위에 대해서는 이견이 있고, "촛불 혁명" 이후 출범한

양심적 병역거부자가 무죄판결을 받을 때, 나는 사법부와 우리의 의식 속에서 "개인"이라는 개념이 구체화되고 있다고 느낀다. 국가는 나보다 먼저 존재했고, 나는 대한민국이라는 만들어진 집단 내에서 태어나 집단이 규정하는 사회체제, 교육제도의 틀 속에서 성장했다. 따라서 나의 존재를 규정하는 국가가 존폐위기에 처할 때 나의 존재 역시 부정될 수 있으므로, 병역의무를 수행해야 하고 이에 응하지 않을 경우 처벌해야 한다는 생각이 당연할지도 모른다. 헌법재판소는 "주관적인 사유로 병역의무의 예외를 인정하는 대체복무제를 도입하는 경우 국민들 사이에 이념적인 대립을 촉발함으로써 우리나라의 안보상황을 더욱 악화시킬 우려가 있다는 점을 심각하게 고려해야 한다."고 하였다.[2] 하지만 1심에서 무죄판결을 받는 사건의 수가 작년부터 급격하게 늘었고 2심에서도 2018년 2월 기준 2건의 무죄판결을 받은 것을 보면, 헌법재판소의 판단에 법원이 동의하지 않는 경우가 늘어나고 있다. 현존하는 국가의 위기가 개인의 양심의 자유를 침해할 정도로 중대하지 않으며, 오히려 이러한 개인들의 권리를 존중하고 보호하는 것이 국가의 역할이라는 의식이 증대되고 있는 것이다. 이는 어떤 사안이 국가공동체의 운영에 필요하기 때문에 법적 강제성을 띠고 이에 응하지 않는 개인을 처벌할 할 수 있더라도, 그 사안이 나의 양심에 비추어 볼 때 따라야 하는 것인지에 대한 궁극적 판단을 개인이 한다는 의미

문재인 정부에 대한 평가도 대립되어 있다고 판단되므로 위 주장은 헌법재판소에서 박근혜 대통령 탄핵이 인용된 기간까지로 한정한다.

2 헌법재판소, "2008헌가22 등. 병역법 제88조 제1항 제1호 위헌제청", 2011. 8. 30.

이다.[3]

마찬가지로, 재작년 초부터 미투 운동이 활성화되던 것을 보면서 나는 사회가 "개인"이라는 개념을 구체화하고 있다고 느낀다. 무고죄 논란이나 2차 피해와 같이 미투 운동의 원래 목적에서 벗어난 문제를 제외하고 보면, 미투 운동이 퍼지면서 자신이 과거에 겪은 일이 성희롱, 성추행인지를 인지하게 되는 개인이 생기고, 나의 언행이 의도치 않게 누군가를 성희롱, 성추행할 수 있다는 생각을 하게 해 조심하도록 한다. (물론 의도적으로 가해를 저지른 사람은 당연히 상응하는 처벌을 받아야 한다. 마찬가지로 미투 운동을 악용하는 행위 역시 가해자로 지명된 무고한 개인에게 피해를 주고, 미투 운동의 진실성을 의심케 해 실제 피해자들이 또 다른 피해를 보기 때문에 처벌 받아야 한다.) 피해자가 자신의 피해 사실을 얘기하기 어려운 현실적, 심리적 제약에도 불구하고 용감하게 자신의 의사에 반하는 언행이 자신에게 수치심을 불러일으켰음을 밝힘으로써, 각자의 존엄성을 타인에게 침해 받아서는 안 된다는 원칙을 재확인한다. 각자를 존엄성을 가진 개인으로 받아들이고, 타인 역시 그들이 존엄성을 가진 개인임을 인지하고 공감하도록 하는 것이다.

머츠는 참여 민주주의와 심의 민주주의가 상충하는 이유를 대부분

3 헌법재판소는 양심적 병역거부자를 처벌하는 병역법 제88조 제1항은 합헌이지만, 병역의 종류에 대체복무를 규정하지 않은 병역법 제5조 제1항은 헌법에 불합치된다고 판단하였다. 또한 대법원은 "진정한 양심에 따른 병역거부라면, 이는 병역법 제88조 1항의 '정당한 사유'에 해당한다"며 병역거부자에게 징역 1년 6개월을 선고한 원심을 파기환송하였다.
헌법재판소, "2011헌바379 등. 병역법 제88조 제1항 등 위헌소원", 2018. 6. 28.; 대법원, "2016도10912 전원합의체 판결", 2018. 11. 1.

의 미국인들이 개인주의적인 자유민주적 전통을 완전히 받아들이지도 않고, 집단 간의 합의에서 순수하게 공동체주의적인 모습을 보이지도 않기 때문이라 했다. 이러한 상황은 한국도 다르지 않을 것이며, "한국인의 정(情)"과 같은 단어를 심심찮게 사용하는 것으로 볼 때 역사적, 문화적으로 공동체적인 모습을 더 많이 보여왔다고 할 수도 있겠다. 하지만 현재 우리 사회에 민주성을 위해 필요한 것은, 정이라는 이름으로 개인의 범위와 자유를 해칠 가능성에 노출시키기보다, 각 시민들이 각자를 어떠한 경우에도 대체할 수 없고 다른 개념에 선행할 수 없는 개인으로 이해하는 것이라 생각한다. 또한 다른 사람들 역시 자신들과 같은 개인임을 이해하고 공감함을 통해 자유를 증진하는 것이라 생각한다. 나를 존엄성 있는 존재로 이해함과 동시에 다른 사람들 역시 존엄성 있는 존재로 이해하는 일인 것이다. 이는 다른 사람과의 심의보다는 각자의 마음 속에서 나는 상대를 개인으로 대하고 있는지, 나의 행동이 다른 사람의 존엄성을 침해하고 있지는 않는지 우선적으로 생각할 필요가 있음을 의미한다. 그러한 주장은 높은 수준의 반성과 성찰을 해야 한다거나, 때로는 상대를 위해 희생할 수 있어야 한다는 주장과 다르다. 마찬가지로 상대를 무시하고 피해를 입히면서까지 나의 개인적인 가치를 추구하는 이기주의와도 다르다. 오히려 이는 일상생활에서 일어나는 행동에서 촉발되기 때문에 상당히 구체적이고, 세속적이다. 예를 들어 내가 상대방보다 나이가 많거나, 업무 경력이 길거나, 또는 현명하다고 생각하더라도, 상대방의 행동이 마음에 들지 않는 것은 나의 경험으로 형성된 가치관에 따라 내린 평가일뿐, 나와 경험이 다를 수 밖에 없는 것을 생각해보면 "잘못된 행동"이라 보기는 어렵다. 즉, 나와 다른 행동이지 틀린 행동은 아닌 것이다. 그렇다면 상대방을 위해 그 사람의 행동을 교정해줘야겠다는 부담을 느낄 필요가 없고, 남을 위해 희생해야 한다는 강박을 가질 필요도 없으며, 반대로 자신의 자존감을 상대방의 평가에 좌우되도록 방기하지도 않을 것이다. 단지 자기 자신을 중시하고, 그만큼 상대방 역시 상대방을 중시하고 있음을 받아들이면 된다.

현재 한국사회는 개인과 집단이 혼재되어 있다고 생각한다. 하지만 위에서 주장했듯, 우리는 이미 "개인"을 구체화해가고 있다. 따라서 일상에서 일어나는 사안에 대해 자신의 입장을 생각해보고, 다른 사람 역시 각자의 주장이 있되 나의 의견과 다를 수 있음을 생각하는 것만으로도 성숙한 민주사회의 시민이 될 수 있다고 생각한다. 정치학자들은 시민사회를 다양한 방법으로 해석해 왔다. 하지만 중요한 것은 자유로운 개인이 만들어지고 있다는 사실이다.

자유로운 정치 담화를 위하여

김동환

이번 프로젝트를 하면서 근본적으로 가진 문제의식은 한국 사회에서 정치에 대해 공개적으로 이야기하는 것이 터부시된다는 것이었다. 법적으로는 공무원의 정치적 중립 의무에 관한 엄격한 조항이 존재하고, 사회문화적으로도 정치에 대해 공개적으로 이야기하는 것에 대해 무의식적으로 거부감이 존재한다. 오죽하면 가족 간에도 정치와 종교 얘기는 하지 말라는 얘기가 나왔을까. 하지만 동시에 사람들은 정치에 대해 큰 관심을 가지고 이에 관해 이야기하고 싶어 한다. 이렇게 생겨난 불균형은 사람들로 하여금 정치적 입장이 같은 주위 사람들과만 정치 얘기를 나누거나 인터넷과 같은 익명의 공간으로 피신하도록 만들었다.

이러한 현상은 나와 다른 정치적 입장을 가진 사람들을 내 삶에서 '타인'으로 객관화시켜 거리를 두도록 만들었고, 그러한 사람들은 협력, 공존의 대상이 아니라 싸워 이겨야 할 존재, 수적 우위를 점해서 눌러버려야 할 존재로 여겨지게 되었다. 이와 더불어 나의 정치적 입장은 선(善), 반대되는 정치적 입장은 악(惡)으로 규정해버리는 선악 구조가 심화되었다. 다양한 가치가 공존하는 사회에서 모든 이슈에 대해 일일이 심의하기보다 선악 구조로 단순화시켜서, 소위 "정신승리"를 하는 방법은 바쁜 현대인들에게 매우 매력적인 선택지였다. 상대방이 그렇게 생각하는 이유에 대해 이해하려 하지 않고, '원래 저 사람은 이상하니까.'하며 상대방의 의견을 무시해버리거나 터무니없는 말로 치부해버리는 태도가 현재의 정치 대립을 심화시켰다. 상대방을 악으로 규정해버리고 싸워 이겨내야 할 존재로 간주하는 태도가 단순히 국회만의 모습은 아닐 것이다.

하지만 문제는 이러한 정치 대립 자체가 아니다. 연인 사이에 문제가 생긴다면 대화로 풀어야 한다. 대화하지 않고 마음속에 응어리를 쌓아 둔다면 그 관계는 끝날 수밖에 없다. 대화하지 않는 연인의 모습이 현재 한국의 정치문화 상황이다. 갈등과 대립이 존재함에도 불구하고 정치 이슈에 대해 무관심으로 대응하고, 나와 같은 성향의 사람들과 선택적으로만 이야기하거나, 현실을 떠나 인터넷의 익명 공간에서만 이야기하는 상황은 갈등이 내면적으로 깊어지게 만들었다. 게다가 자신과 같은 성향의 사람들과 선택적으로만 이야기하는 것은 사람의 생각을 편협하게 만든다. 고인 물은 썩기 마련이고, 머릿속에서만 맴도는 생각도 썩기 마련이다.

결국, 이는 사람들이 자유롭게 정치에 관해 이야기할 공간이 필요하다는 인식으로 이어진다. 정치가 일상적인 공간에서 쉽게 꺼낼 수 있는 주제가 아니라면 아예 멍석을 깔아줄 테니 자유롭게 토론해 보라는 것이다. 한때 인터넷의 익명 공간이 이러한 역할을 할 것이라는 기대가 있었다. 하지만 안타깝게도 인터넷은 오히려 정치담화에 부정적인 영향을 끼치고 있다. 현실에서의 토론과 달리 인터넷상의 댓글들은 주목을 끌기 위해 사극적이고 원색적인 단어들을 사용한다. 익명성이 보장되기에 자신의 체면을 생각하지 않아도 되므로 현실에서는 입에 담지 못할 말들을 내뱉는다. 이러한 인터넷상의 댓글들은 사람들이 반대 의견에 대해 고민하고 토론하기보다는 거부감을 느끼게 하는 결과를 낳고 있다.

특히 혐오 표현을 사용하는 극단적인 댓글들의 문제점은 혐오를 재생산한다는 점이다. 실제로 양 극단의 정치 성향을 가진 사람들은 인터넷을 하면서 자극적이고 비정상적인 댓글들을 문제 삼고 이들을 제물 삼아 소위 "쉐도우 복싱"을 한다. 허수아비를 두고 이를 공격하며 자신의 극단적인 의견을 정당화하고, 그 과정에서 혐오 표현들이 재생산된다. 안타깝게도 이러한 그들만의 전쟁은 현실과는 매우 동떨어져 있을 뿐만 아니라 정상적인 일반인들의 눈살을 찌푸리게 하고 정치토론에 대한 거부감과 편협성만을 늘린다.

결국, 정치 토론은 현실로 돌아와야 한다. 본문 분석 대상에서는 빠졌지만, 이번 프로젝트에서 주요하게 논의된 것들 중 "공론조사(Deliberative Poll)"와 "심의 민주주의 날(Deliberation Day)"이 가능한 대안이 될 수 있을 것으로 보인다. 공론조사는 심의 민주주의 실현을 위한 제도 중 하나로, 특정 이슈에 대해 시민들에게 자료를 제공하면, 이들이 그것을 바탕으로 토론하고 심의하여 결론을 내는 제도이다. Deliberation Day는 이 공론조사를 확대하여 주기적으로 개최하고 모든 시민이 참여하게끔 하는 제도이다. 한국에서도 2017년 신고리 원전 5·6호기의 건설 중단/재개 여부를 가지고 공론화위원회가 열린 바 있다. 정치적 이슈에 관해 이야기하고 싶지만 쉽게 꺼내기 어렵고, 인터넷상의 댓글로 무의미한 말싸움을 계속할 바에야 현실에서 새로운 제도를 통해 말할 공간을 만들어주는 것이 바람직한 발전 방향이라고 생각한다.

여기서 결정된 사안이 얼마나 정치적 정당성을 가지는지는 차치하더라도 사람들이 자신의 의견을 자유롭게 이야기하고, 다른 사람들의 의견에 노출된다는 것이 가장 큰 효과이다. 즉, 고인 물이 다시 순환되도록 하는 것이다. 머츠는 그의 저서에서 자신과 반대되는 의견에 노출되는 것이 최소한의 심의라고 규정하였다. 반대 의견에 노출됨을 통해 내 의견이 바뀌지는 않아도, 그 사람이 이야기하는 주장에 최소한의 근거가 존재한다고 인식하는 것이 심의의 출발점이라는 것이다. 이와 더불어 그들과 정서적으로 조금이라도 가까워진다는 사실은 그들을 타인으로서 객관화하기를 멈추고 자신의 인간관계 범주 안에 들여 오는 효과를 가져온다. 적어도 반대 의견을 가진 사람이 "이상한 사람" 또는 "이해할 수 없는 사람"의 범주에서 벗어나 내 주위에 있을 수 있는 사람이 된다는 것은 정치 문화 인식에 큰 차이를 가져온다.

안타깝게도 이러한 "멍석"이 깔린다고 해서 사람들이 쉽게 자신의 의견을 공유하고 그에 따라 건강한 토론이 바로 이뤄질 것이라고 기대하기는 어렵다. 이는 사회 분위기가 공개적인 정치담화에 대해 거부감을 가지고 있기 때문일 뿐만 아니라 어렸을 때부터 제대로 된 시민교육이 이뤄지지 않기 때문이기도 하다고 본다. 학교 내에서는 교사가 정치적 중립 의무 때문에 피상적인 내용만을 가르칠 수밖에 없기에 청소년이 원하는 현실적인 시민교육을 기대하기 어렵다.

이에 따라 나는 이번 프로젝트의 후속 프로젝트로 지역 대학생이 참여하는 청소년 시민교육의 제도화를 새로운 팀과 함께 추진하고 있다. 학교 내에서 실질적인 시민교육이 이뤄지기 힘들다면 학교 밖에서 지역 대학생들의 도움을 통해 피부에 와 닿는 현실적인 시민교육을 제공하겠다는 취지이다. 가령, 학교에서는 단순히 정치 제도나 투표권 등의 형식적인 내용에 대해서만 배운다면, 학교 밖에서는 그보다 더 시의성 높은 남북정상

회담이나 최저임금 인상 등 정말 현실의 정치이슈에 대해 배울 수 있을 것이다. 이 과정에서 자유롭게 토론하고 의견을 나누며 자신의 생각에 대해 피드백을 받는 문화가 청소년층에 정착된다면, 세대교체가 일어남에 따라 정치 문화도 긍정적인 방향으로 변화할 것이다.

결국, 이 모든 것들은 정치에 대해 눈치 보지 않고 쉽게, 또 자유롭게 이야기할 수 있는 정치문화를 정착시키기 위함이다. 모두가 정치에 관심이 있고 이에 관해 이야기하고 싶어 하지만 대립이 두려운 나머지 아무것도 이야기하지 않는 것은 갈등 상황을 더욱 심화시킬 뿐이다. 정치적으로 대립하는 문제들에 대해 터놓고 이야기하게 된다면 지금보다 훨씬 더 효과적이고 효율적인 정치가 만들어질 수 있음을 의심치 않는다.

편집자 후기

편집자 본인을 포함해 이 작업에 참여한 모든 저자들은 현대 영미 전통의 규범적 및 형식적 정치 이론, 그리고 사회과학의 철학 등을 함께 탐구하며 생각을 나누는 연세 영미 정치이론 학회(Yonsei Association of Anglo-American Political Theory; 이하 YAP)의 회원으로 처음 만났다. YAP는 정치학과 인접 분야의 기초가 되는 논의를 제대로 탐구하기 위해서는 오랜 시간에 걸친 독서와 토론, 그리고 작문 등의 훈련이 필요함에도 불구하고 실질적으로 한국에 심도 있고 체계적으로 그와 같은 공부를 할 수 있는 장이 거의 전무하다는 데에 크게 공감한 학부생들이 모여 2017년에 설립되었다. YAP는 아리스토텔레스부터 홉스, 밀, 칸트, 그리고 롤즈에 이르기까지 영미 정치철학의 전통에서 중시되는 고전들에 대한 학습을 마친 후 현대 정치이론의 세부 분야에 대해 관심사별로 탐구할 수 있도록 체계적인 커리큘럼을 마련하였으며, 이를 토대로 매주 한 번씩 정기적으로 모여 강독 세미나를 진행하고 있다(자세한 사항은 https://yonseiap.wordpress.com/에서 찾아볼 수 있다).

이 책은 특히 YAP의 2017년도 프로젝트였던 "공적 이성과 심의 민주주의(Public Reason and Deliberative Democracy)"의 일환으로 작성된 것이다. 이 프로젝트는 이른바 "촛불 혁명"과 그에 따른 정권 교체가 현실화되어 가던 시기에 한국 사회가 보다 성숙한 민주주의 사회로 거듭나기 위해 걸어가야 할 방향이 무엇인지를 고민하면서 시작되었다. 프로젝트의 참여자들은 이론팀과 실제팀의 두 팀으로 나뉘어서 자유민주주의의 이상과 현실에 대해 탐구하였다. 이론팀은 존 롤즈의 정치적 자유주의와 그에 대한 비판 및 옹호들, 그리고 실제팀은 정치이론 및 정치과학에서 제기되는 심의 민주주의의 여러 학설들로 구성된 커리큘럼에 따라 활동하였다. 그 커리큘럼은 다음과 같다.

Public Reason (Theoretical)

1. John Rawls, "Fundamental Ideas," in *Political Liberalism*, expanded ed. (New York: Columbia University Press, 1993).
2. ________, "The Powers of Citizens and Their Representation," in *Political Liberalism*.
3. ________, "The Idea of an Overlapping Consensus," in *Political Liberalism*.
4. ________, "The Idea of Public Reason," in *Political Liberalism*.
5. Joseph Raz, "Facing Diversity: The Case of Epistemic Abstinence," *Philosophy & Public Affairs* 19 (1990): 3–46, pp. 3–32.
6. Joshua Cohen, "Truth and Public Reason," *Philosophy & Public Affairs* 37 (2009): 2–42.
7. Joshua Cohen, "Truth and Public Reason," *Philosophy & Public Affairs* 37 (2009): 2–42.
8. Jonathan Quong, "A Question Internal to Liberal Theory," in

Liberalism without Perfection (Oxford and New York: Oxford University Press, 2011).

9. ________, "The Role of an Overlapping Consensus," in *Liberalism without Perfection*.
10. ________, "Truth and Scepticism," in *Liberalism without Perfection*.
11. ________, "The Scope and Structure of Public Reason," in *Liberalism without Perfection*.
12. Joshua Cohen, "For a Democratic Society," in Samuel Freeman (ed.), *The Cambridge Companion to Rawls* (Cambridge and New York: Cambridge University Press, 2003), pp. 86–138.
13. Joshua Cohen, "For a Democratic Society," in Samuel Freeman (ed.), *The Cambridge Companion to Rawls* (Cambridge and New York: Cambridge University Press, 2003), pp. 86–138;
    Stephen Macedo, "Liberalism and Public Justification," in *Liberal Virtues: Citizenship, Virtue, and Community in Liberal Constitutionalism* (Oxford: Clarendon Press, 1990).
14. ________, "The Institutions of Justification," in *Liberal Virtues*.

Deliberative Democracy (Empirical)

1. James S. Fishkin, Chapter 1, *When the People Speak: Deliberative Democracy and Public Consultation* (Oxford and New York: Oxford University Press, 2009).
2. ________, Chapter 2, *When the People Speak*.

3. ________, Chapter 3, *When the People Speak*.

4. ________, Chapter 4, *When the People Speak*.

5. ________, Chapter 5, *When the People Speak*.

6. Bruce Ackerman and James S. Fishkin, Chapter 1, 2, *Deliberation Day* (New Haven and London: Yale University Press, 2004).

7. ________, Chapter 3, *Deliberation Day*.

8. ________, Chapter 4, 6, and 7, *Deliberation Day*.

9. ________, Chapter 8, 9, and 10, *Deliberation Day*.

10. Robert E. Goodin, Chapter 2 and 3, *Innovating Democracy: Democratic Theory and Practice After the Deliberative Turn* (Oxford and New York: Oxford University Press, 2008).

11. ________, Chapter 4 and 6, in *Innovating Democracy*.

12. Archon Fung, "Minipublics: Deliberative Designs and Their Consequences," in Shawn W. Rosenberg (ed.) *Deliberation, Participation, and Democracy: Can the People Govern?* (Basingstoke: Palgrave MacMillan, 2007), pp. 159-83;

    Diana C. Mutz, Chapter 1, in *Hearing the Other Side: Deliberative versus Participatory Democracy* (Cambridge and New York: Cambridge University Press, 2006).

13. ________, Chapter 2 and 3, in *Hearing the Other Side*.

14. ________, Chapter 4 and 5, in *Hearing the Other Side*.

각 팀은 위의 커리큘럼에 따라 2017년 3월부터 2017년 6월에 이르기까지 4개월 간 (총 14주) 매주 한번씩 모여서 글을 강독하고 그 내용을 분석 및 검토하는 작업을 진행하였다. 이후 이러한 이론적 배경지식을 바탕으로 각 저자들은 자신들이 전공으로 삼고 있는 분야들에 존 롤즈의 정치적 자유주의라는 지향을 적용하여 나름대로 그것을 구현하고 존속할 수 있는 실제 방안들에 대해 글을 작성하였다. 이 책이 바로 그 글들을 엮어 만든 결과물이다.

이 프로젝트를 기획한 주된 까닭은, 인문사회계 대학원 진학을 희망하는 (또는 꼭 그렇지 않다 하더라도 학문에 큰 관심을 가지고 있는) 한국의 학부생들이 진지하게 학술활동을 체험할 수 있는 기회가 현저히 부족하다는 문제의식 때문이다. 미국 등 해외의 경우, 학부생들이 학술적인 에세이를 쓰거나 저명한 학자들의 글을 편집하여 학술지의 형태로 출판하는 등 학술 출판 문화가 상당히 발달해 있다. 저자들은 이러한 활동들이 각 학문 분야에서 의미 있는 기여를 하는 학자들과의 대담과 교류를 통해 학부생들로 하여금 그들의 통찰을 조금이나마 엿볼 수 있게 해줄 뿐 아니라, 학문을 대하는 그들의 진지한 자세와 고된 학문 정진의 노력을 몸소 배울 수 있는 좋은 기회를 제공한다고 생각한다. 이는 실로 열정과 잠재력을 지닌 학부생들에게 먼 거리를 달리기 이전에 길게 호흡을 내쉬고 마음을 가다듬게 해주는 훌륭한 활동이 아닐 수 없다.

적어도 내가 아는 한, 한국에는 인문사회계 학부생이 이처럼 진지한 학문적 활동을 경험할 수 있는 기회가 거의 전무한 것으로 보인다. 이러한 현실로 말미암아, 향후 인문사회 분야에 대한 공부를 지속하며 세계 여러 나라의 다른 학생들과 겨루는 과정에서 학문적 경쟁력을 확보하기 위해서는 (개인 차는 있겠지만) 그들의 몇 배가 되는 노력을 해야 한다는 것은 어떻게 보면 당연한 이치이다. 그리하기 싫다면 고려해볼 수 있는 선택지는 두 가지이다. 생생한 학문의 장에서 도태되거나, 지금부터 학술활동에 필요한 능력들을 기르기 위해 노력하거나. 결국 현재 학부에 재학 중인 학생이 고를 수 있는 선택지는 크게 총 세 가지인 셈이다.

저자들은 이 중 과감히 마지막 선택지를 택했다. 저자들은 공통의 관심사에 해당하는 하나의 학문적 논의의 맥락을 좇아가며 다양한 관점과 논리들을 분석적으로 비교 및 검토하는 훈련을 함으로써, 향후 자신의 관점을 형성하고 이를 바탕으로 사회에 의미 있는 기여를 하는 데 좋은 밑거름을 마련하고자 하였다. 이것이 올바른 선택이었는지는 아직 확실치 않다. 이는 그야말로 하나의 실험이라 할 수 있다. 그럼에도 이 작업을 통해 저자들이 학술서적과 논문들을 분석적으로 읽고, 비판과 논박의 과정을 통해 각기 다른 이해와 해석들 중에서 가장 타당한 해석을 가려내는 안목을 기르는 데 충분한 기회를 얻었음은 분명한 것 같다.

이제 저자들은 독자들 역시 그 과정에 동참할 것을 제안한다. 정치는 학문의 대상이기 이전에, 사회의 모든 요소에 거의 빠짐 없이 녹아 있는 하나의 삶의 양식이기 때문이다. 이 책에서 다루어진 자유민주주의와 심의 역시 우리의 삶과 동떨어진 이상이 아니라, 우리가 삶 속에서 이질적인 이들과 공존하기 위해 힘써 보존해야 할 역량이자 가치이다. 서두에서 말했듯이, 한국은 분명 자유민주주의 사회이며 많은 한국 시민들이 이를 하나의 사실로 인정한다. 하지만, 아이러니하게도, 많은 정치적 대립이 자유민주주의의 이름을 걸고 서로를 자유민주주의의 해악으로 치부하는 방식으로 이루어진다. 왜 모두 다 일견 동일한 가치를 공유하는 것처럼 보이는데 이들은 항상 대립하는 것인가? 이들이 자유민주주의를 논할 때 정말 동일한 “자유민주주의”에 대해 논하고 있는 것인가? 저자들은 이러한 현실적 물음들을 해결하는 실마리를 자유민주주의의 가치 그 자체를 분석하여 이론적으로 고찰하는 데에서 그치지 않고 그것을 현실에서 구현할 수 있는 방안들과 그 과정에서 발생하는 난점들까지도 고려함으로써 찾을 수 있다고 생각한다. 이 책은 바로 그 목적을 달성하기 위해 자유민주주의 사회를 구성하는 양대 축인 자유주의와 민주주의의 내부적 상호 연관관계가 자유민주주의 사회의 여러 단면(심의, 무역, 안보)에서 관찰 가능한 방식으로 드러나는 양상들을 분석한다. 자유주의와 민주주의가 각각 일관된 하나의 사유 체계를 이룬다고 생각할 때, 둘 사이에서 찾아볼 수 있는 비일관성과 그것이 자유민주주의 사회의 여러 측면에서 제시되는 방식들을 살펴보는 작업은 이상사회로서의 자유민주주의를 넘어서 현실 속에 존재하는 자유민주주의 사회가 어떻게 유지되고 있으며 또 어떤 경우에 쇠락하게 될 것인지에 대한 중요한 함의들을 제공한다. 이를 통해, 궁극적으로, 이 작업이 자유민주주의 사회가 우리와 철저히 유리된 유토피아가 아니라 우리가 시민으로서 숙고하며 정치에 참여하고, 알 권리를 요구하며 정부를 감시하고, 또 자유민주주의를 전복하려는 외세의 위협에 현명하게 대응함으로써 실질적으로 지켜 나가야 할 소중한 정치적 자유의 장임을 밝히는 데 기여할 수 있기를 바란다.

끝으로, 이 책을 집필하는 과정에서 저자들은 감사하게도 여러 분들로부터 도움을 받았다. 무엇보다도 우선, 이 책의 감수를 맡으셔서 저자들을 따뜻하게 격려해주시고 흔쾌히 지도 및 검토를 해주신 연세대학교 정치외교학과 장동진 교수님께 감사의 말씀을 전한다. 교수님의 아낌없는 지원이 없었더라면, 이러한 작업을 시작한다는 상상조차 하지 못했을 것이다. 안타깝게도 책을 집필하는 과정에 함께 하지는 못했지만, “공적 이성과 심의 민주주의” 프로젝트에 참여하여 여러 저작들을 읽으며 토론을 함께 한 장보경 누나와 백지수에게도 고마움을 표한다.

2020년 6월 15일
편집자 정 준 혁

참고문헌

■ 영어 사전 검색결과

1. “Deliberation,” Cambridge Dictionary.
https://dictionary.cambridge.org/dictionary/english/deliberation
2. “Deliberation,” Longman Dictionary of Contemporary English
https://www.ldoceonline.com/dictionary/deliberation
3. “Deliberation,” Merriam-Webster Dictionary
https://www.merriam-webster.com/dictionary/deliberation
4. “Deliberation,” Oxford Advanced Learner's Dictionary
https://www.oxfordlearnersdictionaries.com/definition/english/deliberation?q=deliberation

■ 영어 논문 및 저서

1. Abelson, Robert P. “Modes of Resolution of Belief Dilemmas,” *Journal of Conflict Resolution* 3(4): 1959, 343-52.
2. Abelson, Robert P. et al. (eds.), *Theories of Cognitive Consistency: A Sourcebook* (Chicago: Rand-McNally, 1968).

3. Abelson, Robert P., and Rosenberg, Milton. "Symbolic Psycho－Logic," *Behavioral Science* 3(1): 1－13.
4. Ackerman, Bruce, and Fishkin, James S. *Deliberation Day* (New Haven: Yale University Press, 2004).
5. Anderson, Craig A. "Abstract and Concrete Data in the Perseverance of Social Theories: When Weak Data Lead to Unshakeable Beliefs," *Journal of Experimental Social Psychology* 19(2): 1983, 93－108.
6. Anderson, Craig A., Lepper, Mark R., and Ross, Lee. "Perseverance of Social Theories: The Role of Explanation in the Persistence of Discredited Information," *Journal of Personality and Social Psychology* 39(6): 1980, 1037－49.
7. Altman, Douglas G., and Bland, J. Martin. "Detecting skewness from summary information," British Medical Journal 313(7066): 1996, 1200.
8. Barber, Benjamin R. *Strong Democracy: Participatory Politics for a New Age,* 20th Anniversary Ed. (Berkeley: University of California Press, 2004).
9. Bernheim, B. Douglas, and Whinston, Michael D. "Menu Auctions, Resource Allocation, and Economic Influence," *The Quarterly Journal of Economics* 101(1): 1986, 1－31.
10. Besley, Timothy, and Coate, Stephen. "Lobbying and Welfare in a Representative Democracy," *The Review of Economic Studies* 68(1): 2001, 67－82.
11. Adserà, Alícia, and Boix, Carles. "Trade, Democracy, and the Size of the Public Sector: The Political Underpinnings of Openness," *International Organization* 56(2): 2002, 229－62.

12. Byman, Daniel L., and Pollack, Kenneth M. "Let Us Now Praise Great Men: Bringing the Statesmen Back In," *International Security* 25(4): 2001, 107–46.

13. Cassing, James, McKeown, Timothy J., and Ochs, Jack. "The Political Economy of the Tariff Cycle," *American Political Science Review* 80(3): 1986, 843–62.

14. Cohen, Joshua. "For a Democratic Society," in Samuel Freeman (ed.), *The Cambridge Companion to Rawls* (Cambridge and New York: Cambridge University Press, 2003), pp. 86–138.

15 Cohen, Joshua. *Philosophy, Politics, Democracy: Selected Essays* (Cambridge and London: Harvard University Press, 2009).

16. De Mesquita, Bruce Bueno, Morrow, James D., Siverson, Randolph M., and Smith, Alastair. "An Institutional Explanation of the Democratic Peace," *American Political Science Review* 93(4): 1999, 791–807.

17. Easterly, William, and Rebelo, Sergio. "Fiscal Policy and Economic Growth: An Empirical Investigation," *Journal of Monetary Economics* 32(3): 1993, 417–58.

18. Einhorn, Hillel J., and Hogarth, Robin M. "Confidence in Judgment: Persistence of the Illusion of Validity," *Psychological Review* 85(5): 1978, 395–416.

19. Elster, Jon (ed.). *Deliberative Democracy* (Cambridge and New York: Cambridge University Press, 1998).

20. Fearon, James D. "Rationalist Explanations for War," *International Organization* 49(3): 1995, 379–414.

21. Fearon, James D. "Signaling versus the Balance of Power and Interests: An Empirical Test of a Crisis Bargaining Model," *Journal of Conflict Resolution* 38(2): 1994, 236–69.

22. Filson, Darren, and Werner, Suzanne. "A Bargaining Model of War and Peace: Anticipating the Onset, Duration, and Outcome of War," *American Journal of Political Science* 46(4): 2002, 819–37.

23. Fischhoff, Baruch. "Perceived Informativeness of Facts," *Journal of Experimental Psychology* 3(2): 1977, 349–58.

24. Fishkin, James S. *Democracy and Deliberation: New Directions for Democratic Reform* (New Haven: Yale University Press, 1991).

25. Fishkin, James S. *The Voice of the People: Public Opinion and Democracy* (New Haven: Yale University Press, 1996).

26. Fishkin, James S., and Laslett, Peter (eds.). *Debating Deliberative Democracy* (Malden: Blackwell, 2003).

27. Fox, Justin. "Government Transparency and Policymaking," *Public Choice* 131(1):2007, 23–44.

28. Gibbard, Allan. Wise Choices, Apt Feelings: *A Theory of Normative Judgment* (Cambridge: Harvard University Press, 1990).

29. Gilovich, Thomas. "Biased Evaluation and Persistence in Gambling," *Journal of Personality and Social Psychology* 44(6): 1983, 1110–26.

30. Glaser, Charles L. *Rational Theory of International Politics: The Logic of Competition and Cooperation* (Princeton: Princeton University Press, 2010).

31. Goldgeier, J. M., and Tetlock, P. E. "Psychology and International

Relations Theory," *Annual Review of Political Science* 4: 2001, 67−92.

32. Goodin, Robert E. "Democratic Deliberation Within," *Philosophy & Public Affairs,* 29(1): 2000, 81−109.
33. Goodin, Robert E. *Innovating Democracy: Democratic Theory and Practice After the Deliberative Turn* (Oxford: Oxford University Press, 2008).
34. Granovetter, Mark. "The Strength of Weak Ties: A Network Theory Revisited," *The American Journal of Sociology* 78(6): 1973, 201−33.
35. Greitemeyer, Tobias et al., "Biased Assimilation: The Role of Source Position," *European Journal of Social Psychology* 39(1): 2009, 22−39.
36. Grossman, Gene M., and Helpman, Elhanan. "Protection for Sale," *The American Economic Review* 84(4): 1994, 833−50.
37. Gutmann, Amy, and Thompson, Dennis. *Democracy and Disagreement* (Cambridge: The Belknap Press of Harvard University Press, 1996).
38. Habermas, Jürgen. *Between Facts and Norms: Contributions to a Discourse Theory of Law and Democracy,* trans. William Rehg (Cambridge: MIT Press, 1996).
39. Habermas, Jürgen. *The Structural Transformation of the Public Sphere: An Inquiry into a Category of Bourgeois Society,* trans. Thomas Burger (Cambridge: MIT Press, 1989).
40. Hafner−Burton, Emilie M. et al. "The Behavioral Revolution and International Relations," *International Organization* 71(Supplement): 2017, S1−S31.
41. Harrington, Joseph E. "Economic Policy, Economic Performance, and Elections," *The American Economic Review* 83(1): 1993, 27−42.

42. Hogan, Joe D. "Does Decision Making Matter? Systematic Assumptions vs. Historical Reality in International Relations Theory," *International Studies Review* 3(2): 2001, 5–46.

43. Holsti, Ole R. "Cognitive Dynamics and Images of the Enemy," in John Farrell and Asa Smith (eds.), *Image and Reality in World Politics* (New York: Columbia University Press, 1967).

44. Jervis, Robert. "Do Leaders Matter and How Would We Know?" *Security Studies* 22(2): 2013, 153–79.

45. Jervis, Robert. *Perception and Misperception in International Politics: With a New Preface* (Princeton and Oxford: Princeton University Press, 2017).

46. Jervis, Robert. *The Logic of Images in International Relations* (Princeton: Princeton University Press, 1970).

47. Jervis, Robert. "War and Misperception," *Journal of Interdisciplinary History* 18(4): 1988, 675–700.

48. Kelman, Herbert C. "Processes of Opinion Change," *Public Opinion Quarterly* 25(1): 1961, 57–78.

49. Kertzer, Joshua D. "Microfoundations in International Relations," *Conflict Management and Peace Science* 34(1): 2017, 81–97.

50. King, Gary, Keohane, Robert O., and Verba, Sidney. *Designing Social Inquiry: Scientific Inference in Qualitative Research* (Princeton: Princeton University Press, 1994).

51. Kirshner, Jonathan. "Rationalist Explanations for War?" *Security Studies* 10(1): 2000, 143–50.

52. Kono, Daniel Y. "Optimal Obfuscation: Democracy and Trade Policy

Transparency," *American Political Science Review* 100(3): 2006, 369–84.

53. Kurizaki, Shuhei. "Efficient Secrecy: Public versus Private Threats in Crisis Diplomacy," *American Political Science Review* 101(3): 2007, 543–58.

54. Lake, David A. "Two Cheers for Bargaining Theory: Assessing Rationalist Explanations of the Iraq War," *International Security* 35(3): 2010–11, 7–52.

55. Lebow, Richard Ned. *Between Peace and War: The Nature of International Crisis* (Baltimore and London: Johns Hopkins University Press, 1981).

56. Leventoglu, Bahar, and Tarar, Amer. "Prenegotiation Public Commitment in Domestic and International Bargaining," *American Political Science Reivew* 99(3): 2005, 419–33.

57. Levy, Jack S. "Misperception and the Causes of War," *World Politics* 36(1): 1983, 76–99.

58. Lupia, Arthur. "Deliberation Disconnected: What It Takes to Improve Civic Competence," *Law and Contemporary Problems* 65(3): 2002, 133–50.

59. Macedo, Stephen. *Deliberative Politics: Essays on Democracy and Disagreement* (Oxford and New York: Oxford University Press, 1999).

60. Mansfield, Edward D. "The Proliferation of Preferential Trading Arrangements," *Journal of Conflict Resolution* 42(5): 1998, 523–43.

61. Mansfield, Edward D., Milner, Helen V., and Rosendorff, B. Peter. "Free to Trade: Democracies, Autocracies, and International Trade," *American Political Science Review* 94(2): 2000, 305–21.

62. Maoz, Zeev. "Resolve, Capabilities, and the Outcomes of Interstate Disputes, 1816–1976," *Journal of Conflict Resolution* 27(2): 1983, 195–229.

63. McAdam, Doug. *Political Process and the Development of Black Insurgency* (Chicago: University of Chicago Press, 1982).

64. McDermott, Rose. *Political Psychology in International Relations* (Ann Arbor: University of Michigan Press, 2004).

65. Mearsheimer, John J. *The Tragedy of Great Power Politics* (New York: W. W. Norton, 2001).

66. Mercer, Jonathan. "Rationality and Psychology in International Politics," *International Organization* 59(1): 2005, 77–106.

67. Milner, Helen V., and Kubota, Keiko. "Why the Move to Free Trade? Democracy and Trade Policy in the Developing Countries," *International Organization* 59(1): 2005, 107–43.

68. Mintz, Alex. "Behavioral IR as a Subfield of International Relations," *International Studies Review* 9(1): 2007, 157–72.

69. Mitzen, Jennifer, and Schweller, Randall L. "Knowing the Unknown Unknowns: Misplaced Certainty and the Onset of War," *Security Studies* 20(1): 2011, 2–35

70. Morrow, James D. "Capabilities, Uncertainty, and Resolve: A Limited Information Model of Crisis Bargaining," *American Journal of Political* Science 33(4): 1989, 941–72.

71. Mutz, Diana C. *Hearing the Other Side: Deliberative versus Participatory Democracy* (Cambridge: Cambridge University Press, 2006).

72. Osgood, Charles. "Cognitive Dynamics in the Conduct of Human Affairs," *Public Opinion Quarterly* 24(2): 1960, 341–65.

73. Pateman, Carole. *Participation and Democratic Theory* (Cambridge:

Cambridge University Press, 1970).
74. Pateman, Carole. "Participatory Democracy Revisited," *Perspective on Politics* 10(1): 2012, 7-19.
75. Powell, Robert. "War as a Commitment Problem," *International Organization* 60(1): 2006, 169-203.
76. Przeworski, Adam, Alvarez, Michael E., Cheibub, José Antonio, and Limongi, Fernando. *Democracy and Development: Political Institutions and Well-Being in the World,* 1950-1990 (Cambridge: Cambridge University Press, 2000).
77. Rawls, John, A Theory of Justice, Rev. Ed. (Oxford: Oxford University Press, 1999).
78. Rawls, John, Political Liberalism, Expanded Ed. (New York: Columbia University Press, 2005).
79. Rodrik, Dani. "Sense and Nonsense in the Globalization Debate," *Foreign Policy* (107): 1997, 19-37.
80. Rogowski, Ronald. "Trade and the variety of democratic institutions," *International Organization* 41(2): 1987, 203-23.
81. Ross, Lee, Lepper, Mark R., and Hubbard, Michael "Perseverance in Self-Perception and Social Perception: Biased Attributional Processes in the Debriefing Paradigm," *Journal of Personality and Social Psychology* 32(5): 1975, 880-92.
82. Sartori, Anne E. *Deterrence by Diplomacy* (Princeton and Oxford: Princeton University Press, 2005).
83. Sanders, Lynn M. "Against Deliberation," *Political Theory* 25(3): 1997,

347–76.

84. Smith, Alastair, and Stam, Allan C. "Bargaining and the Nature of War," *Journal of Conflict Resolution* 48(6): 2004, 783–813.

85. Snyder, Glenn H., and Diesing, Paul. *Conflict among Nations: Bargaining, Decision Making, and System Structure in International Crises* (Princeton: Princeton University Press, 1977).

86. Stein, Arthur. "When Misperception Matters," *World Politics* 34(4): 1982, 505–26.

87. Stein, Janice Gross. "The Micro–Foundations of International Relations Theory: Psychology and Behavioral Economics," *International Organization* 71(Supplement): 2017, S249–S263.

88. Steinbruner, John D. *The Cybernetic Theory of Decision: New Dimensions of Political Analysis* (Princeton: Princeton University Press, 1974).

89. Streich, Philip, and Levy, Jack S. "Information, Commitment, and the Russo–Japanese War of 1904–1905," *Foreign Policy Analysis* 12(4): 2016, 489–511.

90. Sunstein, Cass R. *Going to Extremes: How Like Minds Unite and Divide* (Oxford: Oxford University Press, 2009).

91. Sunstein, Cass R. *Why Societies Need Dissent* (Cambridge, MA: Harvard University Press, 2003).

92. Tang, Shiping. *A Theory of Security Strategy for Our Time: Defensive Realism* (New York: Palgrave Macmillan, 2010).

93. Taylor, Charles. *Multiculturalism and the Politics of Recognition: An Essay by Charles Taylor* (Princeton: Princeton University Press, 1992).

94. Trager, Robert F. "Diplomatic Calculus in Anarchy: How Communication Matters," *American Political Science Reivew* 104(2): 2010, 347–68.

95. Tregler, Daniel. "Trade Liberalization and the Theory of Endogenous Protection: An Econometric Study of U.S. Import Policy," *Journal of Political Economy* 101(1): 1993, 138–60.

96. U.S. Department of State. "2019 Adherence to and Compliance with Arms Control, Nonproliferation, and Disarmament Agreements and Commitments," https://www.state.gov/adherence-to-and-compliance-with-arms-control-nonproliferation-and-disarmament-agreements-and-commitments-compliance-report/ Retrieved 2019.08.29.

97. Wagner, R. Harrison. "Bargaining and War," *American Journal of Political Science* 44(3): 2000, 469–84.

98. Walt, Stephen M. *The Origins of Alliance* (Ithaca: Cornell University Press, 1990).

99. Waltz, Kenneth N. *Theory of International Politics,* 1st ed. (New York: McGraw Hill, 1979).

100. White, Ralph K. *Nobody Wanted War* (New York: Doubleday Anchor, 1968).

101. World Bank National Accounts Data, & OECD National Accounts Data File, "WITS World Bank Dataset: 2010–2017," (World Bank, 2018).

■ 한국어 논문

1. 권혁남, 「미디어 이용, 정치네트워크 이질성이 정치적 관용과 정치참여에 미치는 효과」, 『지역과 세계(구 사회과학연구)』 39(3): 2015, 47-77.
2. 노성종·민영, 「'숙의'와 '참여'의 공존: 대화의 숙의수준에 따른 정치적 이견의 경험과 정치참여의 관계」, 『한국언론학보』 53(3): 2009, 173-97.
3. 노정규·민영, 「정치 정보에 대한 선택적 노출이 태도 극화에 미치는 효과」, 『한국언론학보』 56(2): 2012, 226-48.
4. 송경재·금혜성, 「한국과 미국의 정치인 팬 커뮤니티 비교연구-인터넷 팬덤의 정치적 효과를 중심으로」, 『담론201』 16(3): 2003, 145-70.
5. 조수선, 「온라인 신문 댓글의 내용분석: 댓글의 유형과 댓글 게시자의 성향」, 『커뮤니케이션학 연구』 15(2): 2007, 65-84.
6. 최윤정·이종혁, 「인터넷 토론에서 이견(異見) 노출이 정치적 관용에 이르는 경로 분석」, 『한국언론학보』 56(2): 2012, 301-30.

■ 영문 뉴스기사

1. PBS, "Trump praises North Korea after missile tests rattle region," 2019. 08. 02.
https://www.pbs.org/newshour/world/trump-praises-north-korea-after-missile-tests-rattle-region
2. The Guardian, "Trump says Kim wants to meet again and gave 'small apology' for missile tests," 2019. 08. 10.
https://www.theguardian.com/us-news/2019/aug/10/trump-kim-jong-un-meeting-missile-tests-letter

3. The Hill, "Pence blasts media for 'fawning' North Korean coverage," 2018. 02. 22.
https://thehill.com/homenews/administration/375068-pence-blasts-media-for-fawning-north-korean-coverage
4. The Hill, "Trump defends Kim Jong Un as 'friend' after short-range missile launch," 2019. 08. 02.
https://thehill.com/homenews/administration/455929-trump-defends-kim-jong-un-as-friend-after-short-range-missile-launch
5. The Washington Post, "Trump's North Korea policy is 'maximum pressure' but not 'regime change,'" 2017. 04. 14.
https://www.washingtonpost.com/news/josh-rogin/wp/2017/04/14/trumps-north-korea-policy-is-massive-pressure-but-not-regime-change/
6. 도널드 트럼프 트위터
https://twitter.com/realdonaldtrump/status/1144740178948493314
Retrieved 2019.08.29.

■ 한국어 뉴스기사

1. KBS, "北 매체, 한미훈련 비난…'군사적 위력 시위는 한미 향한 경고,'" 2019. 08. 17.
http://mn.kbs.co.kr/news/view.do?ncd=4264418
2. VOA, "미사일 전문가들, '북 신형 방사포, 외국에 유사한 성능 무기 많아…핵 탄두 장착 가능성 판단은 유보,'" 2019. 08. 27.

https://www.voakorea.com/a/5057726.html
3. YTN, "北, '신형 초대형 방사포 성공'…김정은 직접 지도," 2019. 08. 26.
https://www.ytn.co.kr/_ln/0101_201908251003289848
4. YTN, "통일차관, 내일 개성연락사무소 출근…소장회의는 또 불발," 2019. 08. 23.
https://www.yna.co.kr/view/AKR20190718079300504
5. 국민일보, 美 상원의원들, '한·미훈련 연기, 동맹 이익에 맞게 결정돼야,'" 2017. 12. 21.
http://www.kukminusa.com/news/view.php?gisa_id=0923871158
6. 뉴스1, "유엔 안보리 오늘 긴급회의…'北 미사일 발사' 논의," 2019. 08. 28.
http://news1.kr/articles/?3704884
7. 동아일보, "볼턴, 정경두 만나서도 방위비 압박…48억달러 명세서 내밀며 증액 요구했다," 2019. 08. 16.
http://www.donga.com/news/article/all/20190816/96984301/1
8. 매일경제, "'평창올림픽 기간 韓美훈련 중단?...北에 잘못된 신호만 줄 뿐,'" 2017. 11. 24.
http://mba.mk.co.kr/view.php?sc=30000001&cm=%C7%D1%A1%A4%B9%CC+%B0%FC%B0%E8&year=2017&no=781063&selFlag=&relatedcode=
9. 매일경제, "한·미훈련 연기한다고 김정은 안 달라져," 2017. 12. 01.
https://www.mk.co.kr/news/politics/view/2017/12/798011/
10. 서울신문, "트럼프, '한·미훈련은 필요 없었다"…김정은 달래고 한미 분담금 압박," 2019. 08. 27.
https://www.seoul.co.kr/news/newsView.php?id=20190827001005
11. 연합뉴스, "IAEA, '北, 지난 10년 간 핵 프로그램 상당히 확대,'" 2019.

04. 30.

https://www.yna.co.kr/view/AKR20190430080000504

12. 연합뉴스, "美, 시진핑 방북 날 北 제재 회피 도운 러시아 금융회사 제재," 2019. 06. 20.

https://www.mk.co.kr/news/politics/view/2019/06/437294/

13. 연합뉴스, "미국 17일 유엔 안보리 긴급 소집…대북 제재 논의, 2019. 09. 16.

https://www.yna.co.kr/view/MYH20180916000400038

14. 연합뉴스, "미국 국무부, 북한 여행 금지 1년 더 연장," 2019. 08. 20.

https://www.yna.co.kr/view/MYH20190820000300038

15. 연합뉴스, "한·미훈련 끝나고 비건은 '준비 완료'…실무협상 언제 재개되나," 2019. 08. 21.

https://www.yna.co.kr/view/AKR20190821084100504

16. 주간조선, "'공론조사 창시자' 피시킨 교수 단독 인터뷰," 2017. 08. 20.

http://news.chosun.com/site/data/html_dir/2017/08/18/2017081801803.html

17. 중앙일보, "트럼프 언급한 '영변 外' 우라늄 농축 시설 어디?' 2019. 02. 28.

https://news.joins.com/article/23398755

18. 중앙일보, "'한국 중재자 대놓고 욕한 北 '북·미 관계 참견 말고 빠져라,'" 2019. 06. 27.

https://news.joins.com/article/23508826

19. 한겨레, "'악플' 네티즌 약식기소… 대학교수·대기업 직원 등," 2006. 01. 26.

http://www.hani.co.kr/arti/society/society_general/98123.html

20. 한국일보, ""댓글에 불쾌감 느낀 적 있다" 93% "댓글 금지는 반대" 74%,"

2018. 05. 29.

http://www.hankookilbo.com/v/0596e5f96ad746a085a3833fdf68a85a

21. 한국일보, "[미 전문가 인터뷰] 스콧 스나이더 "北, 제재 완화 얻으려는 노림수," 2018. 01. 04.

https://www.hankookilbo.com/News/Read/201801041756625125

22. 한국일보, "미국 '평창은 평창일 뿐'… 북한 비핵화 압박 수위 높여," 2018. 01. 17.

https://www.hankookilbo.com/News/Read/201801171816948205

23. 한국일보, "북한 매체, 연일 대남 압박… '연락사무소 철수' 함구, 대미 비난은 자제," 2019. 03. 25.

https://www.hankookilbo.com/News/Read/201903251555782183

24. 한국일보, "'북핵 문제 핵심 이해 달라… 한미 간 긴장 잠복돼 있다,'" 2018. 01. 22.

https://www.hankookilbo.com/News/Read/201801220497132808

■ 판례

1. 대법원, "2016도10912 전원합의체 판결", 2018. 11. 1.
2. 헌법재판소, "2008헌가22등. 병역법 제88조 제1항 제1호 위헌제청", 2011. 8. 30.
3. 헌법재판소, "2011헌바379등. 병역법 제88조 제1항 등 위헌소원", 2018. 6. 28.